V. 1512.
J. a.

LE VIGNOLE MODERNE
OU
Traité élémentaire d'Architecture
II.e Partie
ou s'explique les annexes
aux ordres de J. B. de Vignole
Dédié et Présenté
à Monsieur le Comte d'Artois
Composé et Gravé par J. B. Lucotte
Architecte

M.DCC.LXXXI.

A PARIS,
Chés les Campions frères rue S.t Jacques
à la Ville de Rouen.

Lucotte inv. Sculp.

A MONSEIGNEUR
LE COMTE
D'ARTOIS.

ONSEIGNEUR,

L'ACCUEIL *favorable dont votre Alteſſe Royale a honoré la premiere partie de cet Ouvrage*, m'a

EPITRE

encouragé à lui préſenter la ſeconde, puiſſe-t-elle, comme la première, mériter ſon attention ; c'eſt ce qu'oſe eſpérer celui qui eſt avec un très-profond respect,

MONSEIGNEUR,

Votre très-humble & très-obéïſſant
Serviteur, J. R. LUCOTTE.

PRÉFACE.

Dans cette seconde Partie (du Vignole Moderne) j'ai traité des objets accessoires & convenables aux ordonnances des Ordres subalternes de divers genres, altérés, mutilés, tourmentés, bâtards, colossaux, nains, &c. des parties dépendantes des Ordres, de leurs ornements, de leurs richesses & embellissements de convenance; en un mot des proportions relatives à chaque objet. J'ai enseigné la maniere de les dessiner. Vignole nous ayant laissé fort peu de principes sur ces détails, je me suis conformé aux sentiments des principaux Auteurs qui l'ont commenté, tels que Daviller, François Blondel, & autres. Enfin j'ai recueilli & mis sous les yeux des Eleves, tout ce qui peut servir à former leur génie, & à leur inspirer le bon goût.

TABLE
Des Chapitres contenus dans la seconde Partie.

Planche I. FRONTISPICE avec l'expreſſion d'un Ordre Compoſite,	pages.
CHAPITRE I. Des Ordres ſubalternes,	2
Planche II. Ordre torſé,	ibid.
Planche III. Ordres Cariates & Perſiques,	3
Ordres Bâtards,	4
1º De l'Ordre Attique,	ibid.
Planche IV. Diviſion de l'Ordre Attique,	5
Planche V. Attique Toſcan & Attique Dorique mutulaire,	6
Planche VI. Attique Dorique denticulaire & Attique Ionique,	8
Planche VII. Attique Corinthien & Attique Compoſite,	10
Planche VIII. Volutes Ioniques & Corinthiennes Attiques,	13
2º De l'Ordre Soubaſſement,	15
Planche IX. Soubaſſement Toſcan & Soubaſſement Dorique mutulaire,	ibid.
Planche X. Soubaſſement Dorique denticulaire & Soubaſſement Ionique,	17
Planche XI. Soubaſſement Corinthien & Soubaſſement Compoſite,	18
Planche XII. Corniches des Ordres Soubaſſements,	19
CHAPITRE II. Des Ordres extrêmes,	20
Ordres Coloſſaux,	ibid.
Ordres Nains ou Baluſtres,	21
Planche XIII. Diviſions de la Baluſtrade & du Baluſtre, Baluſtres Toſcan, Dorique mutulaire, & Dorique denticulaire,	22
Planche XIV. Baluſtres Ionique, Corinthien & Compoſite, & Coupe d'une Baluſtrade,	24
Planche XV. Baluſtrades & Baluſtres de différentes formes,	25
Planche XVI. Baluſtrades d'entrelas,	26
Planche XVII. Rampes d'eſcalier,	ibid.

TABLE DES CHAPITRES.

CHAPITRE III. *Des vuides & pleins*, 28

Planche XVIII. (*vuides réels*) *Des Ouvertures, Arcades & grandes Portes*, ibid.

Planche XIX. *Des moyennes & petites Portes, Portes-croisées, Croisées & Lucarnes*, 30

Planche XX. *Des Œils-de-bœuf & Mezzanines.*
(*vuides apparents*) *des Niches & Glaces*,
(*pleins*) *des Pied-droits, Alettes, Trumeaux, Ecoinsons & Encoignures*, 33

CHAPITRE IV. *Des Saillies*, 36

Planche XXI. *Impostes & Archivoltes Toscanes, Doriques & Ioniques*, 36

Planche XXII. *Impostes & Archivoltes Corinthiennes & Composites*, 38

Planche XXIII. *Claveaux, Bandeaux, Chambranles, Contre-chambranles, Cadres, Crossettes*, 40

Planche XXIV. *Cannelures, Tables, Champs, Cimaises, Plinthes*, 41

Planche XXV. *Triglyphes, Gouttes, Chapiteaux de Triglyphes*, 44

CHAPITRE V. *Des Couronnements*, 49

Planche XXVI. *Corniches Architravées, simples, composées, rempantes, intérieures*, 48

Planche XXVII. *Frontons*, 49

Planche XXVIII. *Amortissements*, 50

CHAPITRE VI. *Des Encorbellements*, ibid.

Planche XXIX. *Têtes, Mascarons, Agraffes, Consoles, Mutules, Modillons, Cassettes, Médailles, Médaillons*, ibid.

CHAPITRE VII. *Des Ornements d'Architecture*, 52

Planche XXX. *Bossages & Refends*, ibid.

CHAPITRE VIII. *Des Ornements de Sculpture*, 53

Planche XXXI. *Ornements des Moulures*, ibid.

Planche XXXII. *Ornements des Tables, Architraves & Cannelures*, 54

Planche XXXIII. *Ornements des Timpans, Frises, Métopes & Cassettes*, 55

Planche XXXIV. *Bas-reliefs de Trophées*, ibid.

Planche XXXV. *Bas-reliefs de Figures, Cartels, Cornes d'abondance, Guirlandes, Festons, Draperies*, 56

Planche XXXVI. *Cartouches, Cul-de-lampes, Gaînes, Candelabres, Vases, Cassolettes*, ibid.

Fin de la Table.

APPROBATION.

J'AI lu, par ordre de Monseigneur le Garde des Sceaux, le *Vignole Moderne*, &c. & je pense que les diverses systêmes sur les Arts, contribuant à leur progrès, cet Ouvrage, qui offre des principes sur l'Architecture, peut être bien accueilli. A Paris, le 7 Mai 1781. ROBIN.

PRIVILEGE.

LOUIS, par la grace de Dieu, Roi de France & de Navarre : A nos amés & féaux Conseillers les Gens tenants nos Cours de Parlement, Maîtres des Requêtes ordinaires de notre Hôtel, Grand-Conseil, Prévôt de Paris, Baillifs, Sénéchaux, leurs Lieutenants Civils & autres nos Justiciers qu'il appartiendra : SALUT. Nos amés les Sieurs CAMPION, freres, nous ont fait exposer qu'ils desireroient faire graver & donner au Public *le Portrait de M. le Comte d'Estaing*, *la Bacchante enivrée*, *le Satyre amoureux*, *le retour du Laboureur*, *le Lever de la Mariée*, *deux cahiers de Principes*, & *le Vignole Moderne*, s'il nous plaisoit leur accorder nos Lettres sur ce nécessaires. A CES CAUSES, voulant favorablement traiter les Exposants, Nous leur avons permis & permettons par ces Présentes, de faire graver lesdits Ouvrages en telle forme & autant de fois que bon leur semblera, & de les vendre, faire vendre & débiter par tout notre Royaume, pendant l'espace de dix années consécutives, à compter du jour de la date des Présentes. Faisons défenses à tous Dessinateurs, Graveurs & autres personnes de quelque qualité & condition qu'elles soient, de graver, ni faire graver, débiter, ni faire débiter lesdits Ouvrages, d'en introduire dans notre Royaume de gravures étrangeres, ni d'en faire aucuns extraits, sous quelque prétexte que ce puisse être, sans la permission expresse & par écrit desdits Exposants, ou de ceux qui les représenteront, à peine de saisie, tant des Desseins, Planches & Estampes, que des ustensiles qui auroient servi à la contrefaçon, que Nous entendons être saisis en quelques lieux qu'ils soient, de six mille liv. d'amende, qui ne pourra être modérée pour la premiere fois, de pareille amende & de déchéance d'état en cas de récidive, & de tous dépens, dommages & intérêts, conformément à l'Arrêt du Conseil du 30 Août 1777, concernant les contrefaçons : A la charge que ces Présentes seront enregistrées tout au long sur le Registre de la Communauté des Imprimeurs & Libraires de Paris, dans trois mois de la date d'icelles ; que l'impression ou gravures desdits Ouvrages sera faite dans notre Royaume & non ailleurs ; qu'avant de les mettre en vente, les Desseins ou Estampes qui auront servi à la gravure des planches, seront remis, dans le même état où l'Approbation y aura été donnée, ès-mains de notre très-cher & féal Chevalier, Garde des Sceaux de France, le Sieur HUE DE MIROMENIL ; qu'il en sera ensuite remis deux exemplaires dans notre Bibliotheque publique, un dans celle de notre Château du Louvre, un dans celle de notre très-cher & féal Chevalier, Chancelier de France, le Sieur DE MAUPEOU, & un dans celle dudit Sieur HUE DE MIROMENIL ; le tout à peine de nullité des Présentes : du contenu desquelles vous mandons & enjoignons de faire jouir lesdits Exposants & leurs ayants causes, pleinement & paisiblement, sans qu'il leur soit fait aucun trouble ou empêchement. Voulons qu'en mettant en quelqu'endroit desdits Ouvrages ces mots, *avec Privilege du Roi*, ces Présentes soient tenues pour duement signifiées. Commandons au premier notre Huissier ou Sergent sur ce requis, de faire, pour l'exécution d'icelles, tous actes requis & nécessaires, sans demander autre permission ; & nonobstant clameur de Haro, Charte Normande, & Lettres à ce contraires. Car tel est notre plaisir. Donné à Paris, le vingt-troisième jour du mois de Mai, l'an de grace mil sept cent quatre-vingt, & de notre regne le septieme. Par le Roi en son Conseil. LE BEGUE.

Registré sur le Registre XXI de la Chambre Royale & Syndicale des Libraires & Imprimeurs de Paris, N.° 2088, fol. 304, conformément aux dispositions énoncées dans le présent Privilege; & à la charge de remettre à ladite Chambre les huit exemplaires prescrits par l'article CVIII du Réglement de 1723. A Paris, ce 27 Mai 1780. LECLERC, Syndic.

LE VIGNOLE MODERNE,
OU
TRAITÉ ÉLÉMENTAIRE
D'ARCHITECTURE.
SECONDE PARTIE.
DES ACCESSOIRES AUX ORDRES.

INTRODUCTION.

U berceau de l'Architecture tout étoit cahos & confusion; on pouvoit à peine distinguer les masses d'avec les détails, les Architectes enfantoient, suivant leur goût & leur génie; de ces diverses productions naissoient une infinité de membres & de parties, dont l'assemblage n'avoit ni convenance, ni principes. Les circonstances & les besoins faisoient naître des piliers, des supports, des saillies, des avant-corps, des arrieres-corps, auxquels on trouva une sorte de beauté, qui dégénéra en usage, que par suite de tems on adopta par habitude; de leurs dimensions & des rapports qu'ils avoient entre eux, on établit des principes; les plus beaux Ouvrages servirent de modeles, les Ordres mêmes furent perfectionnés. On en inventa de symboliques, d'allégoriques, des plus nouveaux & relatifs aux genres d'édifices; on les enrichit, on les simplifia, on les supprima même, pour en substituer l'expression, par des parties lisses ornées

A

LE VIGNOLE

de tables avec des infcriptions, des bas-reliefs, des fculptures, draperies, guirlandes, feftons, enroulemens & autres ornemens.

PLANCHE I. *Des Ordres Subalternes*

Le Frontifpice repréfente l'expreffion d'un Ordre compofite, auquel j'ai affecté d'appliquer fans confufion divers acceffoires contenus dans cette feconde Partie; ce qui peut donner une idée de ces objets réunis, lorfqu'ils font employés avec difcernement.

PLANCHE II.

DES ORDRES TORSÉS.

Les colones torfes font très-anciennes; c'eft une imitation des Arbres entourés de Plantes & Arbuftes, qui femblent préfenter une tige torfée; ce genre d'Ordre devroit être entièrement banni de tout Edifice, à caufe de fa difpofition irréguliere & peu folide : néanmoins ceux de l'Eglife de Rome, du Val-de-Grace & des Invalides, leur ont donné tant de célébrité, que nous nous en permettons l'ufage feulement aux Décorations, qui n'ont aucun befoin de folidité; mais il faut qu'elles foient Corinthiennes ou Compofites, & d'un diametre un peu diminué, lorfque leur fût fe trouve chargé d'ornements. J'ai donné dans ma premiere Partie la Méthode que Vignole nous a laiffé pour conftruire cette forte de colonne. Celle-ci d'invention moderne, repréfentée par la deuxieme Figure, eft mieux contournée & d'une forme plus agréable.

Pour la conftruire, tirez la bafe A B, Figure premiere, & fur elle la perpendiculaire C D, qui fervira d'axe à la colonne : fur la bafe A B déterminez le diametre E F, que vous ferez parallele jufqu'au tiers G H de la colonne, & que vous diminuerez jufqu'au fommet I K, fuivant l'une des méthodes décrites dans la premiere Partie. Prenez l'efpace F H, l'un des côtés du fût inférieur de la colonne, & le portez fur la bafe A B de F en B, des points B & K; tirez la ligne droite B K, qui fervira de bafe à un triangle équilatéral B L K. Du point L, fommet du triangle équilatéral, décrivez l'arc K B, que vous diviferez en douze parties égales aux points 1, 4, 7, 10, 13, 16, 19, 22, 25, 28, 31, par lefquels points vous tirerez les lignes 1, 2, 3-4, 5, 6-7, 8, 9-10, 11, 12-13, 14, 15-16, 17, 18-19, 20, 21-22, 23, 24-25, 26, 27-28, 29, 30 & 31, 32, 33, paralleles à la base A B, & qui couperont l'axe & les côtés de la colonne. Partagez les espaces E, 3-3, 6-6, 9-9, 12-12, 15-15, 18-18, 21-21, 24-24, 27-27, 30-30, 33 & 33, i, chacun en deux parties égales; & par les points de divisions, tirez les parallèles, 34, 35-36, 37-38, 39-40, 41-42, 43-44, 45-46, 47-48, 49-50, 51-52, 53-54, 55 & 56, 57, sur lesquelles seront les centres des différentes courbes de la colonne. Prenez ensuite moitié de l'intervalle E, 3, & le portez sur l'horisontale au point 34 & au point 58. Des points 34 & 58, comme centre; & de l'intervalle E, 34, ou 3, 34, décrivez les quarts-de-cercles E, 3 & F, 2, & par la même méthode, les quarts-de-cercles 3, 6 & 2, 5-6, 9 & 5, 8, & ainsi de suite jusqu'au sommet, qui feront les courbures torses de la colonne.

La figure 2 représente une colonne torse, décorée d'ornemens de différens genres. Le filet supérieur A de la base est surmonté d'un rang de feuilles B, d'où sortent les cannelures torsées C, séparées de listels, qui se terminent au tiers du fût où se rencontre un cordon D, surmonté d'un deuxieme rang de feuilles E, d'où naissent des branches de Palmier F, de Laurier G, Grenadier, ou autres, suivant le contour du fût supérieur de la colonne.

PLANCHE III.

DES ORDRES CARIATES ET PERSIQUES.

Les Grecs ayant établi les trois Ordres primitifs sur les proportions du corps humain, voulurent y ajouter la représentation de la nature.

L'ambition d'éterniser leurs exploits & de perpétuer la honte des peuples qu'ils avoient vaincu, leur inspira de joindre les trophées de leurs victoires aux monuments qu'ils élevoient. Ils convertirent leurs colonnes & les soutiens de leurs édifices en figures humaines humiliées, courbées, affaissées même sous le poids immense qu'elles sembloient supporter. Les figures d'hommes représentoient les Perses vaincus à Platée, à Salamine, & au pas des Thermopiles; & les femmes les Cariennes réduites en servitude, ce qui donna lieu aux Ordres qu'on appella Persiques & Cariates.

Ces images estimables, quant à la sculpture, sont trop éloignées de la douceur de nos mœurs, pour nous permettre d'asservir ainsi nos semblables. Quelque caractere d'ailleurs que l'un ou l'autre puisse affecter, il ne nous fait voir qu'un esclavage honteux qui fait rougir l'humanité. Ce genre de décoration, qu'on ne peut regarder que comme accessoire, s'accorde mal avec la solidité qu'on doit montrer en tout genre de construction; & les exemples que nous voyons nous assurent que la séduction a prévalu sur la vraisemblance.

Si leur application peut quelquefois avoir lieu, ce ne peut être qu'avec beaucoup de prudence & de discernement; les uns aux portes de Ville de Guerre, aux Prisons Civiles & Militaires, aux Maisons de force ou autres semblables édifices, pour annoncer aux ennemis & aux coupables le sort qu'ils doivent attendre, & la punition de leur rébellion & de leur crime en un lieu d'horreur; & les autres dans les décorations théâtrales, pour représenter les actions arrivées du tems des Grecs, & dans les Fêtes publiques où l'allégresse momentannée n'exige point une sévérité rigoureuse.

La figure I. représente un Ordre Cariate ou Cariatide, tel qu'on peut en voir de semblables au frontispice des Marchands Drapiers à Paris, & au vieux Louvre, dans la Salle des Gardes, appellée Salle des Antiques; Figures qui soutiennent une Tribune enrichie d'ornemens, ouvrages de Jean Goujon, Sculpteur célebre sous Henri II.

La figure II. représente un Ordre Persique de même espece que celui du Palais Farnese à Rome.

Des Ordres Bâtards.

L'on entend par Ordres Bâtards des Ordres subalternes, dépendans des Ordres proprement dits, especes d'Ordres qui servent à décorer les étages inférieurs des Hôtels & des Palais. Il en est de deux sortes, les uns qu'on appelle Attiques, sont destinés à servir de couronnement aux Ordres & à faire pyramider les Edifices; les autres qu'on appelle Soubassements, sont des especes de piedestaux exhaussés ou stylobates continus, destinés à servir de base & de soutien aux mêmes Ordres. Des uns & des autres il en est, comme des Ordres supérieurs, de cinq especes relatives au caractere des cinq Ordres d'Architecture.

De l'Ordre Attique.

L'Ordre Attique appellé par Vitruve Atticurge, ouvrage Athénien, paroît fort ancien; c'étoit, suivant Pline, un Ordre particulier, peu élevé, dont les colonnes étoient quarrées, & qui avoient des chapiteaux, bases & autres membres différents des autres Ordres. Moïse avoit ordonné aux anciens Hébreux d'élever une espece d'Attique sur leurs demeures, afin de préserver les passants de la chute des tuiles, briques ou autres matieres qui couvroient leurs habitations. *Lorsque tu auras achevé*, dit-il, *ta Maison à sa juste hauteur, tu la couronneras par un petit mur, afin que le sang de ton prochain ne soit pas versé devant toi*. (Deuter.) Cet Ordre trop racourci, pour être mis au nombre des Ordres réguliers, fut imaginé pour servir de couronnement. Les Athéniens l'employoient pour faire pyramider leurs Bâtimens, les Romains aux amortissemens, tels qu'on en voit encore aux anciens Edifices de Rome, à la place Nerva, aux Arcs de Triomphe de Constantin, de Septime-Severe, &c. Ces Attiques étoient ornés de grandes Tables renfoncées ou saillantes, portant des bas-relief ou inscriptions. Peu-à-peu on perdit de vue l'objet principal de ces Attiques; on les fit entrer dans l'Ordonnance des Edifices & on en fixa la hauteur, leur donnant des proportions & des ornemens différens des autres Ordres.

Les anciens Architectes ont donné à l'Ordre Attique environ le quart du grand Ordre, & les Modernes environ moitié, quelquefois plus & quelquefois moins, suivant qu'il couronnoit un seul ou plusieurs grands Ordres. Le sentiment général est qu'un milieu entre le tiers & la moitié de l'Ordre qu'il couronne, est la proportion la plus convenable & en même tems la plus agréable à l'œil.

PLANCHE IV.

Division de l'Ordre Attique.

La hauteur de l'Ordre Attique étant déterminée de A en D, si on lui donne un piedestal, Figure I, on la divisera en dix-neuf parties égales; quatre desquelles seront pour le piedestal A B, qui aura le tiers du pilastre, (*a*) douze pour le pilastre B C, & trois pour l'entablement C D, qui aura le quart du pilastre. Si on ne lui donne qu'un socle au lieu de piedestal, on divisera la hauteur A D, Figure II, en dix-huit parties égales, trois desquelles seront pour le socle A B; douze pour le pilastre B C, & trois pour l'entablement C D; de maniere que le socle & l'entablement auront chacun le quart du pilastre.

La hauteur du pilastre, fixée de part & d'autre de B en C, il faut s'assurer à quel Ordre l'Attique doit appartenir: si c'est à l'Ordre Toscan, on la divisera en vingt-quatre parties égales; si c'est à l'Ordre Dorique, en vingt-

---

(*a*) Les pilastres sont des colonnes quarrées par leur plan, qui ne diminuent point vers leur sommet comme les colonnes, ces dernieres étant presqu'entierement bannies des Ordres Attiques.

sept; si c'est à l'Ordre Ionique, en trente; & enfin, si c'est à l'Ordre Corinthien ou Composite, en trente-trois; quatre desquelles seront pour le diametre de l'Ordre Attique qu'on veut élever : en sorte que l'Attique Toscan aura de hauteur six fois son diametre, une fois moins que l'Ordre qu'il couronne; l'Attique Dorique six fois trois quarts son diametre, une & un quart moins que l'Ordre qu'il couronne; l'Attique Ionique sept fois & demie son diametre, une & demie moins que l'Ordre qu'il couronne; & enfin l'Attique Corinthien ou Composite, huit fois & un quart son diametre, une fois trois quarts moins que les Ordres qu'ils couronnent.

Figures de la Planche IV.

Piedestal { A Base. B Socle. C Corniche.

Entablement { G Architrave. H Frise. I Corniche.

Pilastre { D Base. E Fût. F Chapiteau.

K Amortissement.

PLANCHE V.

ATTIQUES.

(Fig. 1.) *Attique Toscan.*

Le diametre de cet Ordre ayant été déterminé par les $\frac{4}{24}$ de sa hauteur, ou ce qui est la même chose par sa sixieme partie, on le divisera en deux parties égales, dont chacune sera le module qui sera porté sur une échelle au bas du dessin; par exemple ici trois fois, l'une desquelles sera divisée en douze minutes.

Cet Ordre dépendant de l'Ordre Toscan, de qui il emprunte un caractere simple & une proportion racourcie, doit aussi lui être inférieur par la richesse de ses membres; aussi n'ai-je donné à la base A du piedestal que deux membres, plinthe & filet; & à sa corniche C, aussi deux membres, filet & plate-bande; à la base D du pilastre, deux membres, plinthe & filet; au sommet du fût un seul filet, tenant lieu d'astragale; au chapiteau F du pilastre aussi deux membres, larmier & filet; au filet de l'architrave G, point de conger; à chacune des cimaises de la corniche I deux membres; sçavoir, à l'inférieure, cavet & filet, & à la supérieure, filet & quarderond; sous le sophite du larmier un canal indispensable pour l'écoulement des eaux;

MODERNE.

l'entablement est couronné par un amortissement K, composé de revers d'eau & socle.

Figures de la Planche V.

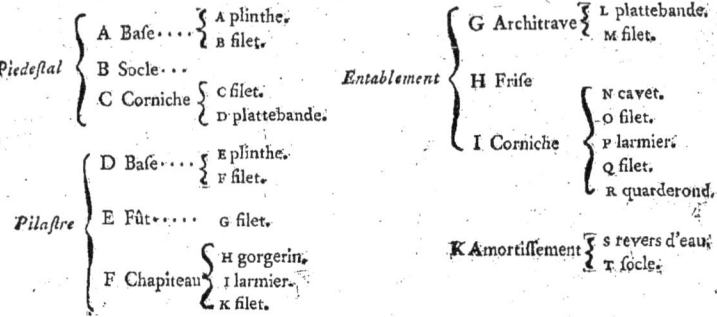

(Fig. 2.) *Attique Dorique mutulaire.*

Cet Ordre dépendant de l'Ordre Dorique qu'il doit couronner, doit aussi lui être inférieur dans toutes ses parties. La base A de son piedestal a trois membres, plinthe, quarderond renversé & filet. La corniche C a trois membres, filet, larmier & filet. La base D du pilastre a aussi trois membres, plinthe, baguette & filet. Le fût est terminé par une espece d'astragale, composée de deux filets. Le chapiteau F a trois membres, filet, larmier & filet. L'architrave G est composée d'une plate-bande, couronnée de son filet. Les triglyphes de la frise H, ainsi que leurs gouttes, sont restées en masse. Les métopes sont quarrés. Les cimaises & larmiers de la corniche I, ainsi que les mutules, sont simples & décomposés. La cimaise inférieure n'a qu'un filet. Le larmier mutulaire est couronné d'un filet, & la cimaise supérieure est composée d'un talon & d'un filet. L'entablement est couronné par un amortissement K, composé de revers d'eau & socle; en un mot, toutes les parties de cet Ordre sont analogues à son infériorité.

LE VIGNOLE
Figures de la Planche V.

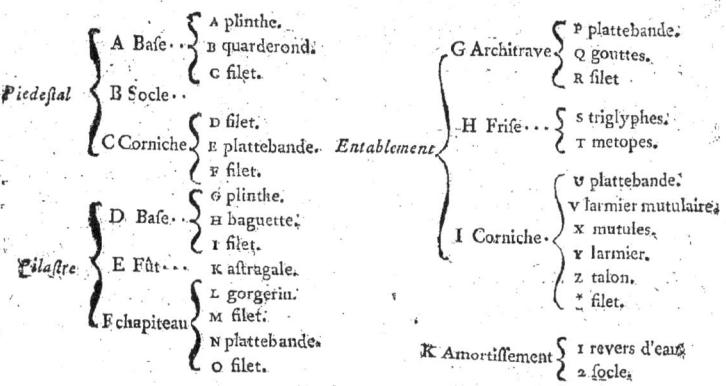

PLANCHE VI.

(Fig. 1.) *Attique Dorique denticulaire.*

Cet Ordre un peu plus délicat que le précédent a aussi quelques différences dans ses parties. La base A est la même, sinon que j'ai transporté le filet pour pouvoir substituer un cavet, moulure délicate, au quarderond, moulure solide. La corniche C est aussi la même; mais le larmier est couronné par un conger. La base D du pilastre est la même. Le fût E est couronné par un astragale au lieu de deux filets. Le chapiteau F a quatre membres, un cavet de plus. L'architrave G a une plate-bande de plus. Le larmier inférieur de la corniche I est denticulaire au lieu d'être mutulaire. La cimaise supérieure a un membre de plus, dont un cavet, moulure délicate. L'amortissement est le même. Les triglyphes T & les gouttes R sont en masses. Toutes les parties de cet Ordre sont d'une richesse conforme à son caractere.

MODERNE.

Figures de la Planche VI.

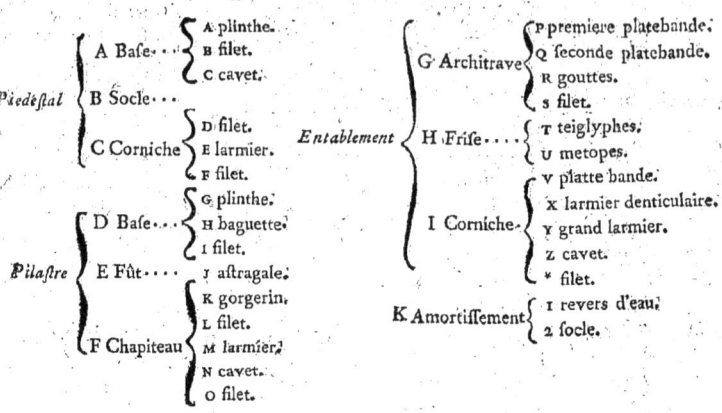

(Fig. 2.) *Attique Ionique.*

Cet Ordre, comme l'Ordre Ionique supérieur, tient un milieu entre le précédent & le suivant. La base A du piedestal a quatre membres, plinthe, filet, doussine & filet. La corniche C a quatre membres, cavet, filet, larmier & filet. La base D du pilastre a aussi quatre membres, plinthe, boudin, baguette & filet. Le chapiteau F a six membres, filet, quarderond, plate-bande, listel, talon & filet, & est orné de volutes à deux révolutions. L'architrave G a quatre membres, deux plate-bandes & deux filets. La corniche I a deux cimaises & deux larmiers. La cimaise inférieure a deux membres, un filet & un quarderond. Le larmier inférieur est denticulaire, & la cimaise supérieure a trois membres, filet, doussine & filet. L'entablement est couronné par un amortissement K, composé de revers d'eau & socle.

LE VIGNOLE

Figures de la Planche VI.

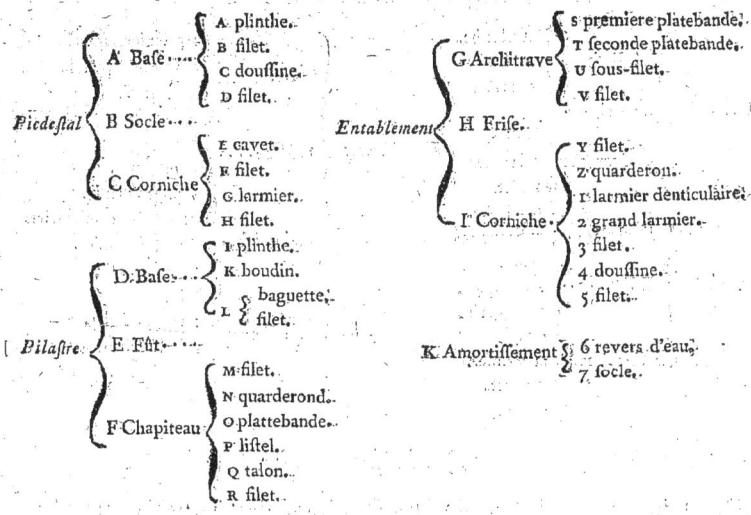

PLANCHE VII.

(Fig. 1.) Attique Corinthien.

Cet Ordre inférieur à l'Ordre Corinthien, lui eft auffi inférieur en richeffe. La bafe A de fon piedeftal a cinq membres, plinthe, filet, douffine, baguette & filet; la bafe A de fon piedeftal a cinq membres, plinthe, filet, douffine, baguette & filet; la corniche C en a fix, filet, quarderond, larmier, filet, douffine & filet; la bafe D du pilaftre a quatre membres, plinthe, boudin, baguette & filet; le fût E eft orné de cannelures P, féparées de liftels O; le chapiteau F d'un premier rang de feuilles R, entre lefquelles font des tigettes ou caulicoles T, portant un deuxieme rang de feuilles S, du milieu defquelles naiffent deux grandes volutes V, qui vont joindre les angles du chapiteau, & deux autres petites U, qui vont fe joindre vers le milieu, furmonté d'un tailloir, dont la face eft creufée comme celle du chapiteau de l'Ordre fupérieur & au milieu de laquelle eft une rofette: l'entablement a fon architrave G, ornée de cinq membres, deux plate-bandes, filet, quarderond & filet; la corniche I a deux cimaifes &

MODERNE.

trois larmiers; la cimaise inférieure a trois membres, filet, quarderond & filet; le larmier inférieur est simple ou denticulaire; le larmier intermédiaire est orné de modillons en consoles; la cimaise supérieure a trois membres, filet, doussine & filet; l'entablement est couronné par un amortissement K, composé de revers d'eau & socle.

Figures de la Planche VII.

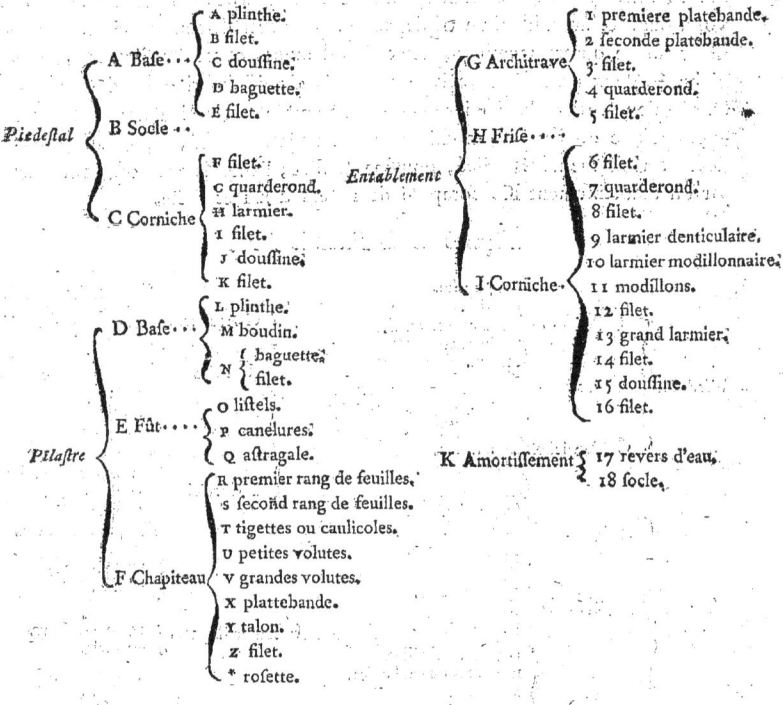

(Fig. 2.) *Attique Composite.*

Cet Ordre inférieur à l'Ordre Composite doit, comme ceux que nous avons vu, lui être aussi inférieur en richesses, & garder un milieu entre les deux précédents, tant par la proportion de ses membres que par la délicatesse de ses parties; la base A de son piédestal a cinq membres, plinthe, filet, talon renversé, baguette & filet, & la corniche C auffi cinq membres, filet, quarderond, larmier, talon & filet; la bafe D du pilaftre a quatre membres, & eft femblable à celle de l'Ordre Corinthien; le fût E eft orné de cannelures P, féparées de liftels O; le chapiteau F d'un rang de feuilles Q, du milieu defquelles naiffent des tigettes ou caulicoles R & des fleurons, d'où fortent des efpeces de volutes T dites queux de cochon; les quatre faces du tailloir creufées en portions circulaires, font femblables & contiennent à leurs angles des volutes U à deux révolutions, & au milieu un triple fleuron 3; l'entablement a fon architrave G, orné de quatre membres, deux plate-bandes, cavet & filet; & fa corniche I, deux cimaifes & trois larmiers; la cimaife inférieure a deux membres, talon & filet; le larmier inférieur eft fimple ou denticulaire, le larmier intermédiaire eft orné de modillons à deux plate-bandes; la cimaife fupérieure a trois membres, filet, douffine & filet; l'entablement eft couronné par un amortiffement K, compofé de revers d'eau & focle.

Figures de la Planche VII.

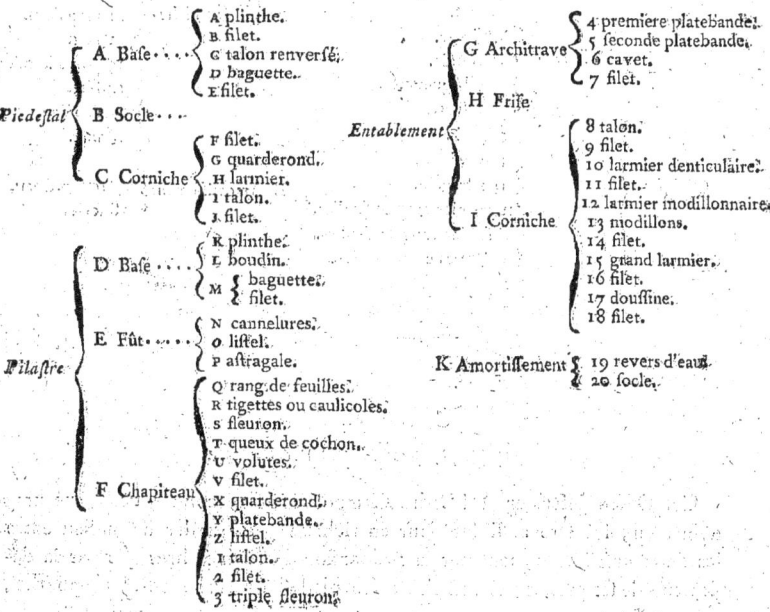

MODERNE.
PLANCHE VIII.
VOLUTES ATTIQUES.

Ces volutes appartenant à des Ordres inférieurs, doivent le céder par leur caractere à celles des Ordres supérieurs; aussi ces dernieres n'ont-elles que deux révolutions, les autres en ayant trois.

Méthode pour construire la Volute Ionique.

(*Fig.* 1.) Faites la volute de quatorze parties de hauteur, dont le point M, milieu de l'espace, sera le sommet de la cathete M N O P, qui aura deux parties de hauteur, & qui, comme dans la volute des grands Ordres, sera la diagonale du quarré, dont le milieu U sera le centre. (La Fig. 2 représente la même cathete trois fois plus grande pour plus d'intelligence.) A ce quarré tirez les axes 1, 3 & 2, 4, & les divisez chacun en six parties égales aux points 5, 6, 7, 8, &c. des points 1, 5, 7, 3, tirez les lignes 1 B, 5 F, 3 D, 7 H, parallèles à l'horisontale P N; & des points 2, 6, 8, 4, tirez les lignes 2 C, 6 G, 4 A, 8 E, parallèles à la perpendiculaire S T; du point 1, premier centre & de l'intervalle 1 A, Figure première, sommet de la spirale, tirez le premier quart-de-cercle A B; du point 2, deuxieme centre & de l'intervalle 2 B, tirez le deuxieme quart de-cercle B C; faites de même des points 3, 4, 5, 6, 7, 8, dont le dernier terminera la spirale au point M, sommet de la cathete.

La première révolution faite, il faut tracer la seconde en cette manière; divisez les intervalles 1, 5-2, 6-3, 7-4, 8-5, 9, &c. en trois parties égales, dont les plus proches des points correspondans 1, 2, 3, 4, 5, 6, 7 & 8, seront ceux de la nouvelle révolution qui commencera au point I, à une partie de distance du point A, & tournera comme les autres de I en K, de K en L, de L en V, de V en X, de X en Y, de Y en Z, de Z en J, & de J en M, dernier quart-de-cercle de cette dernière révolution.

Méthode pour construire la Volute Corinthienne.

(Fig. 3.) Pour tracer cette volute, tirez la base A B, niveau du dessous des feuilles du premier rang, & sur elle la perpendiculaire C D, axe de la volute; fixez sur cet axe la hauteur D E, de la volute de dix parties de modules, deux desquelles feront le diametre de l'œil ou cathete F G, six au-dessus du centre H & quatre au-dessous. (La Fig. 4 représente le même

LE VIGNOLE

œil en grand pour plus d'intelligence.) Du point H, centre de la cathete, tirez la diagonale 1, 2, que vous diviserez en six parties égales aux points 3, 4, 5, 6, dont plusieurs serviront à décrire la premiere révolution de la volute. Le point 1 sera le centre de l'arc de cercle R I, le point R à plomb du point 1; le point 2 celui du demi-cercle I K; le point 3 celui du demi-cercle K L; & le point 7, moitié de l'intervalle 6 H, sera le centre du dernier arc L F, qui joindra la cathete en F: le milieu de la volute sera terminé par une ovale, dont les foyers seront sur le diametre perpendiculaire de la cathete divisé en trois parties égales aux points 8 & 9; & les points d'intersection 10 & 11 des petits cercles seront les centres des arcs M N & O P qui termineront l'ovale.

Pour tracer la deuxieme révolution, divisez les espaces 1, 3 - 2, 4 & 3, 5, chacun en deux parties égales aux points 12, 13 & 14; le point 12 sera le centre de l'arc B D; le point 13 celui du demi-cercle D E; le point 14 celui du demi-cercle E 2, rencontre de la cathete, dont la portion circulaire 2 F terminera la deuxieme révolution spirale en F.

Pour tracer la premiere courbe de la naissance de cette volute du point 1, tirez la perpendiculaire R 1 Q, sur laquelle à une partie au-dessous du niveau du centre de la volute, sera placé le point 15, centre de l'arc de cercle indéfini R S; prenez ensuite quatre parties & les portez sur la perpendiculaire R Q, au-dessous du niveau du centre de l'œil au point T; de ce point T, tirez l'horisontale T 16, sur laquelle vous porterez aussi quatre parties au point 16; des points 16 & 15, tirez la ligne indéfinie 16 S, qui fixera l'arc de cercle R S; du point 16, comme centre, & de l'intervalle 16 S, vous décrirez l'arc de cercle indéfini S U; prenez ensuite un module que vous porterez sur l'horisontale B C, prolongée du point Q au point A; des points A & 16, vous tirerez la ligne indéfinie A U, qui fixera l'arc de cercle S U; du point A, comme centre, & de l'intervalle A U, vous décrirez le dernier arc de cercle U B.

Pour tracer la deuxieme courbe, portez sur l'horisontale B C, de B en V, une demi-partie au point V, qui sera la naissance de cette courbe; prenez ensuite au-dessous du niveau du centre de l'œil sur la ligne R Q, trois parties & un tiers au point 17, qui sera le centre de l'arc B *, terminé par la ligne S 16, au point *; des points * 17, tirez une ligne droite qui, prolongée, coupera l'horisontale 16 T, au point 18, duquel point 18, comme centre & de l'intervalle 18 *, vous décrivez l'arc * J, terminé par la ligne A U au point J; des points J & 18, tirez une autre ligne droite qui, prolongée, coupera l'horifontale A B au point 19, qui fera le centre du dernier arc J V de la deuxieme courbe.

Les deux autres courbes K X & Y X prendront leur naiſſance au point X, à une partie de diſtance du point B, & ſe décriront par les points 20 & 21, ſur une ligne parallele à la baſe A B, à une partie au-deſſous de cette derniere. La premiere K X, par le point 20, à ſix parties & demie de diſtance de la perpendiculaire R Q, prolongée au point Z, & la deuxieme Y X, par le point 21, moitié de l'intervalle 20 Z, c'eſt-à-dire, à trois parties & un quart de diſtance du point Z.

De l'Ordre Soubaſſement.

Cet Ordre eſt un ſol élevé, qui n'ayant ni colonnes, ni pilaſtres, ne peut être compris au nombre des Ordres réguliers; mais au contraire former une eſpece de piedeſtal exhauſſé, que les Grecs appelloient Stylobate, de Στυλός & Βατής, *columna baſis*, baſe de colonne. Cette eſpece d'Ordre, décoré quelquefois d'ornemens ſimples ou ruſtiques, ſert de ſoutien aux Ordres coloſſaux, & ajoute à leur aſpect un air de magnificence & de majeſté qui en impoſe aux ſpectateurs éclairés; comme il tient lieu d'étage habité, il eſt percé le plus ſouvent de portes ou de croiſées décorées relativement au caractere de l'Ordre.

Pluſieurs Architectes ont donné à la hauteur du ſoubaſſement environ les deux tiers de celle de l'Ordre ſupérieur; cette dimenſion m'ayant paru trop grande, j'ai crû, en la diminuant un peu, ajouter encore à la majeſté & à la grandeur de l'Ordre auquel il ſert de ſoutien. J'ai en conſéquence déterminé cette hauteur entre la moitié & les deux tiers de l'Ordre ſupérieur, ce qui fait les cinq douziemes.

PLANCHE IX.

SOUBASSEMENT.

La hauteur ainſi déterminée, on la diviſera en dix-ſept parties égales, deſquelles on donnera trois au ſocle A, douze à l'Ordre ſoubaſſement B, & deux à l'entablement ou corniche C.

(Fig. 1. & 2.) Soubaſſemens Toſcans.

Cet Ordre étant piedeſtal lui-même, n'en a point d'autre qu'un ſocle A

LE VIGNOLE

ou retraite continue; fa hauteur B, comme le repréfente la Figure premiere, eft percée d'arcades E, & décorée jufqu'à fa corniche de boffages alternatifs F, ornements ruftiques analogues à fon caractere; & comme le repréfente la Figure deuxieme eft percée de croifées G, ornées de bandeaux H, fur un corps liffe I, dépourvu d'ornements. Cet ordre eft furmonté d'une corniche C de la plus grande fimplicité, compofée d'aftragale K, gorgerin L, cimaife inférieure M, larmier N & cimaife fupérieure O, terminée par un amortiffement D, deftiné à fervir de bafe au piedeftal de l'Ordre fupérieur.

Figures de la Planche IX.

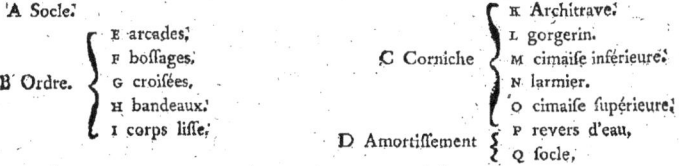

(Fig. 3. & 4.) *Soubaffemens Doriques mutulaires.*

Cet Ordre contient un focle A, & fa hauteur B, comme le repréfente la Figure troifieme, eft percée d'arcades E, & décorée jufqu'à la corniche de refends continus F, ornements relatifs; & comme le repréfente la Figure quatre eft percée de croifées G, & décorée jufqu'à fa corniche de refends interrompus H, furmontée d'une corniche mutulaire C qui le caractérife, compofée d'aftragale I, gorgerin K, cimaife inférieure L, larmier mutulaire M, grand larmier N, & cimaife fupérieure O; terminée par un amortiffement D, deftiné à fervir de bafe au piedeftal de l'Ordre fupérieur.

Figures de la Planche IX.

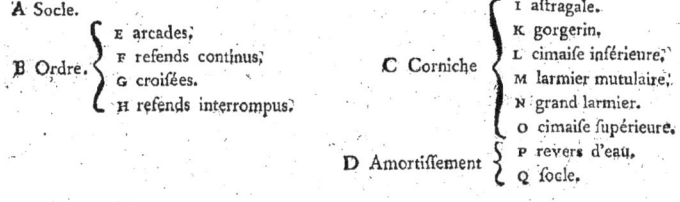

PLANCHE

MODERNE.
PLANCHE X.
SOUBASSEMENS.

(Fig. 1. & 2.) *Soubassemens Doriques denticulaires.*

Cet Ordre contient un socle A, & sa hauteur B, comme le repréfente la Figure premiere, est percée d'arcades E, & décorée d'imposte continue F, d'archivoltes G & clef H; & comme le repréfente la Figure deux, est percée de croisées I, décorées de chambranles à crossettes K, sur un corps lisse L, surmontée d'une corniche denticulaire C qui le caractérise, composée d'astragale M, gorgerin N, cimaise inférieure O, larmier denticulaire P, grand larmier Q, & cimaise supérieure R, terminée par un amortissement D, destiné à servir de base au piedestal de l'Ordre supérieur.

Figures de la Planche X.

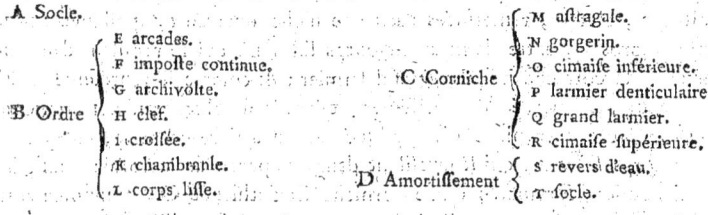

A Socle.

B Ordre { E arcades. / F imposte continue. / G archivolte. / H clef. / I croisée. / K chambranle. / L corps lisse. }

C Corniche { M astragale. / N gorgerin. / O cimaise inférieure. / P larmier denticulaire. / Q grand larmier. / R cimaise supérieure. / S revers d'eau. / T socle. }

D Amortissement

(Fig. 3. & 4.) *Soubassemens Ioniques.*

Cet Ordre contient un socle A, & sa hauteur B, comme le repréfente la Figure troisieme, est percée d'arcades E, décorée d'impostes F, d'archivoltes G & clef H, renfermées dans une niche quarrée I; & comme le repréfente la Figure quatre, est percée de croisées K, décorées de chambranles à crossettes L, sur un corps lisse M, surmontée d'une corniche simple C, composée d'une astragale N, gorgerin O, cimaise inférieure P, larmier denticulaire Q, grand larmier R, & cimaise supérieure S, terminée par un amortissement D, destiné à servir de base au piedestal de l'Ordre supérieur.

LE VIGNOLE
Figures de la Planche X.

A Socle.

B Ordre
- E arcades.
- F impostes.
- G archivoltes.
- H clef.
- I niche quarrée.
- K croisée.
- L chambranle.
- M corps lisse.

C Corniche
- N astragale.
- O gorgerin.
- P cimaise inférieure.
- Q larmier denticulaire.
- R grand larmier.
- S cimaise supérieure.

D Amortissement
- T revers d'eau.
- U socle.

PLANCHE XI.
SOUBASSEMENS.

(Fig. 1. & 2.) *Soubassemens Corinthiens.*

Cet Ordre contient un socle A, & sa hauteur B, comme le représente la Figure première, est percée d'arcades E, décorées d'impostes F, d'archivoltes G, clef H, renfermées dans une niche quarrée I, appliquée sur un arriere-corps K, entre deux avant-corps lisses L, qui se profilent dans une partie de la corniche jusqu'au grand larmier ; & comme le représente la Figure deux, est percée de croisée M, décorée de chambranle N, renfermé dans un tableau en niche O, appliqué sur un arriere-corps K, entre deux avant-corps lisses L, qui se profilent dans une partie de la corniche jusqu'au grand larmier, surmontée d'une corniche Corinthienne C, composée d'astragale P, gorgerin Q, cimaise inférieure R, larmier modillonnaire S, grand larmier T, & cimaise supérieure U, terminée par un amortissement D, destiné à servir de base au piédestal de l'Ordre supérieur.

Figures de la Planche XI.

A Socle.

B Ordre
- E arcades.
- F impostes.
- G archivolte.
- H clef.
- I niche quarrée.
- K arriere-corps.
- L avant-corps lisse.
- M croisée.
- N chambranle.
- O tableau en niche.

C Corniche
- P astragale.
- Q gorgerin.
- R cimaise inférieure.
- S larmier modillonnaire.
- T grand larmier.
- U cimaise supérieure.

D Amortissement
- V revers d'eau.
- X socle.

MODERNE.

(Fig. 3. & 4.) *Soubaſſements Compoſites.*

Cet Ordre contient, comme les autres, un ſocle A, & ſa hauteur B; comme le repréſente la Figure trois, eſt percée d'arcades E, décorée d'impoſtes F, d'archivoltes G & clef H, profilés dans l'aſtragale de la corniche & oreillons rentrants I; le tout renfermé entre deux avant-corps J, qui le profilent dans une grande partie de la corniche juſqu'au grand larmier; & comme le repréſente la Figure quatre, eſt percée de croiſée K, ornée de chambranle L, renfermé dans un tableau en niche M, enfoncé entre deux avant-corps liſſes J qui ſe profilent dans une partie de la corniche juſqu'au grand larmier, ſurmonté d'une corniche C, compoſée d'aſtragale N, gorgerin O, cimaiſe inférieure P, larmier modillonnaire Q, grand larmier R, & cimaiſe ſupérieur S, terminée par un amortiſſement D, deſtiné à ſervir de baſe au piedeſtal de l'Ordre ſupérieur.

Figures de la Planche XI.

A Socle.

B Ordre
- E arcade.
- F impoſte.
- G archivolte.
- H clef.
- I oreillons.
- J avant-corps.
- K croiſée.
- L chambranle.
- M tableau en niche.

C Corniche
- N aſtragale.
- O gorgerin.
- P cimaiſe inférieure.
- Q larmier modillonnaire.
- R grand larmier.
- S cimaiſe ſupérieure.

D Amortiſſement
- T revers d'eau.
- U ſocle.

PLANCHE XII.

CORNICHES DES SOUBASSEMENTS.

(Fig. 1.) *Corniche du Soubaſſement Toſcan.*

A Aſtragale.   D Larmier.   G Socle.
B Gorgerin.   E Filet.
C Filet.   F Revers d'eau.

(Fig. 2.) *Corniche du Soubaſſement Dorique mutulaire.*

A Aſtragale.   E Larmier mutulaire.   I Filet.
B Gorgerin.   F Mutule.   K Revers d'eau.
C Filet.   G Larmier.   L Socle.
D Quarderond.   H Talon.

LE VIGNOLE

(Fig. 3.) *Corniche du Soubassement Dorique denticulaire.*

A Aftragale.	E Larmier denticulaire.	I Revers d'eau.
B Gorgerin.	F Larmier.	K Socle.
C Filet.	G Talon.	
D Quarderond.	H Filet.	

(Fig. 4.) *Corniche du Soubassement Ionique.*

A Aftragale.	E Filet.	I Douffine.
B Gorgerin.	F Larmier denticulaire.	K Filet.
C Filet.	G Larmier.	L Revers d'eau.
D Quarderond.	H Filet.	M Socle.

(Fig. 5.) *Corniche du Soubassement Corinthien.*

A Aftragale.	G Larmier modillonnaire.	N Douffine.
B Gorgerin.	H Modillons.	O Filet.
C Canaux.	I Talon.	P Revers d'eau.
D Filet.	K Larmier.	Q Socle.
E Baguette.	L Filet.	
F Talon.	M Baguette.	

(Fig. 6.) *Corniche du Soubassement Composite.*

A Aftragale.	G Contrefilet.	N Douffine.
B Gorgerin.	H Larmier modillonnaire.	O Filet.
C Filet.	I Modillons.	P Revers d'eau.
D Baguette.	K Baguette.	Q Socle.
F Filet.	M Filet.	

CHAPITRE II.

DES ORDRES EXTRÊMES.

Des Ordres Colossaux.

LES Ordres Colossaux du Grec Κολοσσὸς, ou Κολὸς grand & οσὸς œil, c'est-à-dire, grand à l'œil, font des Ordres d'un grand diametre & conséquemment très-élevés, dont la hauteur extraordinaire offre aux yeux connoisseurs un caractere imposant de grandeur & de majesté que ne peuvent avoir ceux d'un petit diametre. Les Ordres auxquels on donne convenablement ce nom, font ceux qui embrassent plusieurs étages; tels font ceux du périſtyle du Louvre & de la place de Louis XV, ceux de la place de Vendôme, des Victoires & autres, autant de modèles de la plus grande beauté.

Des Ordres Nains.

Les Ordres Nains, que nous appellons communément Baluſtres, ſont des eſpeces de petites colonnes, qui réunies, forment ce qu'on appelle Baluſtrades, du Grec Βαλαυςιον, nom de la fleur du Grenadier ſauvage, à laquelle cette petite colonne a quelque reſſemblance. Les Baluſtrades ſe placent au-deſſus des Ordres pour leur ſervir de couronnement, ou à la hauteur des piedeſtaux ou ſocles de ces mêmes Ordres, pour tenir lieu d'appui ou Balcon, vulgairement appellé Gardefou. La hauteur de ces appuis differe depuis deux pieds & demi, juſqu'à trois pieds & un quart, à-peu-près celle du coude de l'homme; & les travées (a), dont la largeur eſt déterminée par celle des vuides inférieurs réels (b) ou apparens (c), ne peuvent contenir moins que trois Baluſtres, ni plus que quinze : une trop longue travée étant auſſi ridicule qu'une trop petite.

Si, comme nous l'avons vu, toutes les parties qui appartiennent à l'Architecture doivent leur proportion aux Ordres auxquels elles ont de la correſpondance; les Baluſtrades doivent auſſi tenir leur expreſſion de ces mêmes Ordres; & pour ſatisfaire au caractere particulier de chacun d'eux, je les ai diviſé en cinq eſpeces, relativement aux cinq eſpeces d'Ordres en uſage, & les parties dont elles ſont compoſées, auſſi en divers membres relatifs au même caractere : pour remplir cet objet, j'ai donné des principes généraux, que j'ai puiſé d'après les dimenſions de celles qui m'ont paru exécutées avec ſuccès dans nos édifices.

Lorſque les Baluſtrades ſervent de couronnement aux Ordres, elles doivent avoir en apparence la hauteur de l'entablement; ou, ce qui eſt la même choſe, le quart de la hauteur de la colonne : & pour conſerver cette hauteur apparente que j'exige, y ajouter ce que cache le rayon viſuel, eſtimé environ un demi-module, ou le quart du diametre de la colonne.

Lorſque les Baluſtrades doivent ſervir d'appui, on ſupprime intérieurement une partie, ou la totalité du ſocle; & ſi ce qui reſte de la Baluſtrade excede la hauteur de trois pieds & un quart, on pratique dans l'intérieur

---

(a) La travée d'une baluſtrade eſt le vuide occupé par une rangée de baluſtres.
(b) Les vuides réels ſont les portes & les croiſées.
(c) Les vuides apparens ſont les niches, glaces, &c.

un exhauſſement proportionné & conforme aux beſoins; exhauſſement caché ſouvent par le rayon viſuel.

Il faut obſerver que la hauteur du Baluſtre s'éloigne peu du diametre de l'Ordre, en ſorte que la différence de hauteur puiſſe être appliquée à celle du ſocle & non à celle du baluſtre. Pour déterminer les principes des Baluſtrades, & parvenir à la ſubdiviſion de leurs membres, je vais donner un moyen facile, applicable aux deux eſpeces, obſervant une différence de hauteur aux ſocles de celles qui doivent ſervir d'appui, en raiſon de leur ſituation dans les édifices.

PLANCHE XIII.

Division de la Balustrade et du Balustre.

La hauteur d'une Baluſtrade, fixée de A en G par celle de l'entablement, plus un demi-module au-delà, on la diviſera en neuf parties égales, dont quatre A B, feront pour la hauteur du ſocle, quatre B F, pour celle du baluſtre, & une F G, pour celle de la tablette. La hauteur du baluſtre, fixée de B en F, on la diviſera en cinq parties égales, l'unes deſquelles B C, ſera pour la hauteur du piedouche. Le ſurplus C F ſera diviſé en cinq parties, l'une deſquelles E F, ſera pour la hauteur du chapiteau. Le ſurplus C E, eſpace entre le piedouche & le chapiteau, ſera encore diviſé en cinq parties, trois deſquelles D E, feront pour la hauteur du col, & les deux autres C D, pour celle de la panſe. La largeur de cette derniere, ſuivant le caractere de l'Ordre où elle ſera appliquée, aura dans l'Ordre Toſcan les $\frac{2}{7}$ de la hauteur du baluſtre, dans l'Ordre Corinthien le tiers, & dans les autres une moyenne proportionnelle relative. La largeur du col aura moitié de celle de la panſe, & l'intervalle d'un baluſtre à l'autre, dans les Baluſtrades, ſera celui que l'un d'eux pourroit remplir s'il étoit retourné le haut en bas; c'eſt-à-dire, que l'intervalle d'un col à un autre aura la largeur d'une panſe, & l'intervalle d'une panſe à une autre aura la largeur d'un col.

Les extrémités des Baluſtrades feront étayées par des acroteres, eſpeces de ſupports de même épaiſſeur & hauteur que les baluſtres, & de la largeur de l'un d'eux; un peu plus, ou un peu moins cependant, autant que la quantité des baluſtres diſtribués ſur la longueur des travées pourra le permettre. Ces acroteres ſont deſtinés à ſupporter les extrémités des tablettes, & les baluſtres à en ſoutenir le milieu. Pluſieurs, au lieu d'acroteres, placent quelquefois des moitiés de baluſtre; décoration mutilée, qu'on ne devroit ſe permettre dans aucune occaſion.

MODERNE. 23

Tous les baluftres en général font circulaires par leur plan; ceux que l'on fait quarrés font destinés de préférence aux Ordres rustiques, pour plus d'analogie avec le caractere de ces Ordres.

Les moulures dont les baluftres & baluftrades font composés, doivent tenir leur expression de la richesse ou simplicité des Ordres auxquels ils font appliqués; en sorte que l'un & l'autre ne puisse offrir aux yeux des parties solides élevées sur des Ordres délicats, comme au Palais des Tuileries; ou des parties délicates sur des Ordres solides, comme au Palais du Luxembourg. On verra ci-après, pour tous les Ordres, des modeles de baluftres, relatifs & convenables au caractere de chacun d'eux en particulier.

(Fig. 2.) Baluftre Toscan.

A Socle.

B Piedouche $\begin{cases} 1 \text{ plinthe.} \\ 2 \text{ filet.} \\ 3 \text{ cavet.} \\ 4 \text{ gorge.} \\ 5 \text{ filet.} \\ 6 \text{ gorge.} \end{cases}$

C Panse.

D Col $\begin{cases} 7 \text{ fût.} \\ 8 \text{ astragale.} \end{cases}$

E Chapiteau $\begin{cases} 9 \text{ gorgerin.} \\ 10 \text{ filet.} \\ 11 \text{ quarderond.} \\ 12 \text{ tailloir.} \end{cases}$

F Tablette.

G Acrotere.

H Pilastre.

(Fig. 3.) Baluftre Dorique mutulaire.

A Socle $\begin{cases} 1 \text{ platebande.} \\ 2 \text{ filet.} \end{cases}$

B Piedouche $\begin{cases} 3 \text{ plinthe.} \\ 4 \text{ filet.} \\ 5 \text{ douffine.} \\ 6 \text{ gorge.} \\ 7 \text{ filet.} \\ 8 \text{ gorge.} \end{cases}$

C Panse.

Col $\begin{cases} 9 \text{ filet.} \\ 10 \text{ fût.} \\ 11 \text{ astragale.} \end{cases}$

E Chapiteau $\begin{cases} 12 \text{ gorgerin.} \\ 13 \text{ filet.} \\ 14 \text{ baguette.} \\ 15 \text{ quarderond.} \\ 16 \text{ Tailloir.} \end{cases}$

F Tablette $\begin{cases} 17 \text{ filet.} \\ 18 \text{ platebande.} \end{cases}$

G Acrotere.

H Pilastre.

LE VIGNOLE

(Fig. 4.) *Baluftre Dorique denticulaire.*

A Socle { 1 platebande.
2 filet.

B Piedouche { 3 plinthe.
4 filet.
5 douffine.
6 gorge.
7 baguette.
8 gorge.

C Panfe.

D Col { 9 filet.
10 fût.
11 aftragale.

E Chapiteau { 12 gorgerin.
13 filet.
14 baguette.
15 quarderond.
16 tailloir.

F Tablette { 17 filet.
18 platebande.

G Acrotere.

H Pilaftre.

PLANCHE XIV.

(Fig. 1.) *Baluftre Ionique.*

A Socle { 1 platebande.
2 filet.

B Piedouche { 3 plinthe.
4 filet.
5 douffine.
6 gorge.
7 quarderond.
8 gorge.

C Panfe.

D Col { 9 filet.
10 fût.
11 aftragale.

E Chapiteau { 12 gorgerin.
13 filet.
14 baguette.
15 quarderond.
16 tailloir.

F Tablette { 17 talon.
18 platebande.

G Acrotere.

H Pilaftre.

(Fig. 2.) *Baluftre Corinthien.*

A Socle { 1 platebande.
2 boudin.
3 filet.

B Piedouche { 4 plinthe.
5 baguette.
6 filet.
7 fcotie.
8 filet.
9 quarderond.
10 gorge.

C Panfe.

D Col { 11 fût.
12 aftragale.

E Chapiteau { 13 gorgerin.
14 filet.
15 baguette.
16 quarderond.
17 larmier.
18 filet.

F Tablette { 19 filet.
20 baguette.
21 cavet.
22 platebande.
23 talon.
24 filet.

G Acrotere.
H Pilaftre.

Fig.

MODERNE.

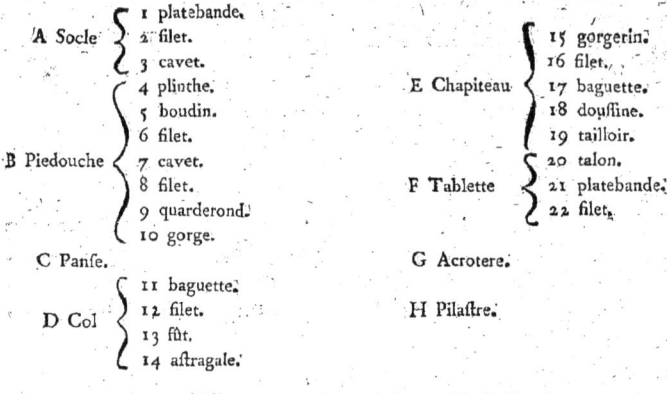

(Fig. 3.) *Baluſtre Compoſite.*

- A Socle
  - 1 platebande.
  - 2 filet.
  - 3 cavet.
- B Piedouche
  - 4 plinthe.
  - 5 boudin.
  - 6 filet.
  - 7 cavet.
  - 8 filet.
  - 9 quarderond.
  - 10 gorge.
- C Panſe.
- D Col
  - 11 baguette.
  - 12 filet.
  - 13 fût.
  - 14 aſtragale.
- E Chapiteau
  - 15 gorgerin.
  - 16 filet.
  - 17 baguette.
  - 18 douſſine.
  - 19 tailloir.
- F Tablette
  - 20 talon.
  - 21 platebande.
  - 22 filet.
- G Acrotere.
- H Pilaſtre.

(Fig. 4.) *Coupe d'une Baluſtrade.*

A Socle.   C Baluſtre.   E Pilaſtre.
B Terraſſe.   D Acrotere.   F Tablette.

PLANCHE XV.

BALUSTRADES ET BALUSTRES DE DIVERSES FORMES.

J'ai donné ici pluſieurs modeles de baluſtrades compoſées de baluſtres de différentes eſpeces, ſuivant qu'ils doivent appartenir à des Ordres de goût & de caractere, ou à des décorations compoſées & analogues aux genres particuliers des Edifices. Ceux contenus dans la figure premiere ſont circulaires & d'un caractere très-délicat. La panſe, le col & le chapiteau ſont peut-être un peu trop ſveltes, & les vuides trop larges. Ceux contenus dans la Figure deuxieme ſont à pans, ce qui leur donne un caractere nourri & mâle. Ceux contenus dans la Figure trrois ſont rudentés, richeſſe convenable aux circonſtances. Ceux contenus dans la Figure quatre, de caractere Ionique ou Compoſite, ſont d'une forme très-agréable. Les rudentures ſpirales, ainſi que les volutes de leurs chapiteaux, contribuent beaucoup à leur richeſſe. Ceux contenus dans la figure cinq, très-différents des précédents, ſont à double panſe, beaucoup plus minces & plus ſerrés, mais auſſi d'un caractere léger & frêle. Ceux contenus dans la Figure ſix, ornés de congellations, conviennent aux Edifices aquatiques; leur forme renverſée eſt contraire à la vraiſemblance & à l'uſage : c'eſt lutter contre le bon goût que de ſe permettre d'en altérer les loix.

A Socle.
B Baluſtre.
C Acrotere.
D Pilaſtre.
E Table.
F Tablette.

PLANCHE XVI.

BALUSTRADES D'ENTRELAS.

Les baluſtres ne ſont pas les ſeuls objets que l'on puiſſe employer avec ſuccès dans les baluſtrades, les entrelas ronds, ovales, loſanges, ſimples, doubles, compoſés, décompoſés, &c. &c. ſont très-agréables à la vue, & font auſſi un très-bel effet, lorſque leur diſpoſition peut ſe répéter ſymétriquement.

La Figure premiere contient des entrelas avec roſettes & fleurons.

La Figure deuxieme contient des entrelas à arcades doubles avec fleurons.

La Figure troiſieme contient des entrelas doubles avec roſettes & feuilles d'eau.

La Figure quatrieme contient des entrelas, en anſe de panier double, avec roſettes & fleurons.

La Figure cinquieme contient des entrelas ſimples à arcades doubles avec fleurons.

La Figure ſixieme contient des entrelas loſanges avec culots.

A Socle.
B Entrelas.
C Pilaſtre.
D Table.
E Tablette.

PLANCHE XVII.

RAMPES D'ESCALIERS.

Les rampes qui ſervent d'appuis aux eſcaliers ſont comme les baluſtrades remplies de baluſtres, ou d'entrelas plus ou moins difficiles à exécuter, relativement au bon ou au mauvais effet qu'ils peuvent faire.

Une rampe, ou appui rampant, n'eſt autre choſe qu'un appui droit que l'on a rompu ou incliné, conformément au biais d'un eſcalier, & auquel on fait ſuivre le rampant des marches diſtribuées, comme l'exigent les

MODERNE.

paliers, (*a*) quartiers tournans (*b*), &c. lorfqu'on emploie les entrelas, on leur donne l'inclinaifon que le biais exige, & cette inclinaifon bien ménagée n'eft aucunement défagréable à l'œil. Il n'en eft pas de même des baluftres ; il faut de deux chofes l'une, que leurs membres foient inclinés ou de niveau; dans le premier cas, ils femblent annoncer une vétufté dans la baluftrade, les corps inclinés produifant toujours un mauvais effet en Architecture. Dans le deuxieme cas, la hauteur de la tige du baluftre devient néceffairement plus courte que celle de celui qui fe trouve placé fur les paliers, diffonnance encore plus infupportable, qui a fait préférer les entrelas, & qui, diftribués & arrangés avec art, ne peuvent produire aucun mauvais effet.

(Fig. 1.) *Rampe diftribuée de Baluftres de deux fortes, dans laquelle on peut faire comparaifon de l'une & l'autre.*

A Travée droite
{
1 limon droit.
2 baluftres.
3 tablette.
4 acrotere.
}

B Travée inclinée
{
5 limon rampant.
6 baluftre rampant.
7 baluftre droit.
8 tablette rampante.
9 acrotere.
}

C Pilaftre
{
10 bafe.
11 focle.
12 tablette.
13 table rentrante.
}

D Marches
{
14 hauteur.
15 giron.
16 aftragale.
17 délardement.
}

E Repos.
{
18 palier.
19 marche paliere.
}

(Fig. 2.) *Rampe diftribuée de platebandes entrelaffées, ornées de fleurons.*

A Travée droite
{
1 limon droit.
2 entrelas droits.
3 tablette.
4 acrotere.
}

B Travée inclinée
{
5 limon rampant.
6 entrelas rampants.
7 tablette.
8 acrotere rampant.
}

C Pilaftre
{
9 bafe.
10 focle.
11 tablette.
12 table.
}

D Marches
{
13 hauteur.
14 giron.
15 aftragale.
16 délardement.
}

E Repos
{
17 palier.
18 marche paliere.
}

(*a*) Un palier eft dans un efcalier, le repos quarré, rectangulaire ou d'autre forme, placé entre deux étages, ou au milieu d'une rampe, pour en interrompre la trop grande longueur.

(*b*) Un quartier tournant eft dans un efcalier, la difpofition de plufieurs marches fe retreciffant à mefure qu'elles approchent de lechiffre ou limon, & s'élargiffant à mefure qu'elles s'en éloignent; défaut fort en ufage, mais non moins dangereux & contraire à la fûreté humaine.

28   LE VIGNOLE

(Fig. 3.) *Rampe distribuée d'arcades doubles entrelassées, ornées de rosettes & fleurons en bronze doré.*

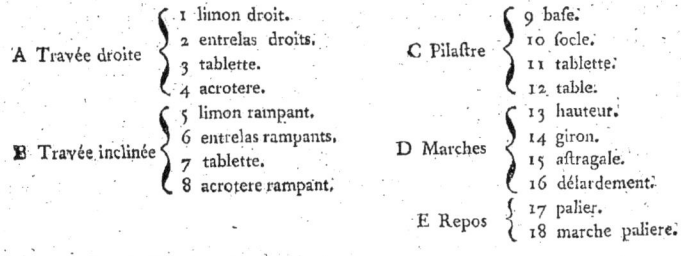

A Travée droite { 1 limon droit. 2 entrelas droits. 3 tablette. 4 acrotere.

B Travée inclinée { 5 limon rampant. 6 entrelas rampants. 7 tablette. 8 acrotere rampant.

C Pilastre { 9 base. 10 socle. 11 tablette. 12 table.

D Marches { 13 hauteur. 14 giron. 15 astragale. 16 délardement.

E Repos { 17 palier. 18 marche paliere.

CHAPITRE III.
VUIDES ET PLEINS.
PLANCHE XVIII.

Des vuides réels.

L'ON entend par vuides réels toutes les especes d'ouvertures, telles sont les portes & les croisées. Il en est de régulieres & d'irrégulieres ; les unes sont de deux sortes : la premiere, Figure 1, appellée en plein ceintre, est celle qui est formée par un demi-cercle : la deuxieme, Figure 2, appellée quarrée, est celle dont le sommet est terminé en platebande ou ligne droite. Les autres se divisent en six especes ; la premiere, Figure 3, appellée en ceintre surbaissé ou bombé, est celle dont le sommet est terminé en arc de cercle ; la deuxieme, Figure 4, appellée en ellipse ou anse de panier, est celle dont le sommet est terminé par un arc de cercle & les côtés sont arrondis, ce qui forme en effet un demi-ellipse ou demi-ovale : la troisieme, Figure 5, appellée à l'impériale, est celle dont le sommet se termine à angle curviligne aigu & les côtés sont arrondis : la quatrieme, Figure 6, appellée Gothique, est celle dont le sommet se termine à angle curviligne obtus. Cette méthode, quoique très-irréguliere, a été d'un grand usage autrefois chez les Goths, parce qu'elle avoit infiniment moins de poussée que toutes les autres : la cinquieme, appellée à pans coupés, est celle dont le sommet forme une ligne droite, &

les angles font coupés obliquement : la fixieme, appellée à angles arrondis, eft celle dont le fommet forme une ligne droite, & les angles font arrondis. Ces deux dernieres moins folides & plus irrégulieres encore que toutes les autres, font en conféquence peu en ufage. Les Anciens avoient encore deux autres fortes d'ouvertures ; l'une, Figure 9, en rétréciffant par le haut, étoit celle qui en effet étoit plus étroite par le haut que par le bas ; forme dont ils faifoient ufage lorfque leurs vuides avoient befoin d'une grande largeur. L'art du trait étant pour lors inconnu, on étoit forcé d'employer des linteaux en pierre d'une feule piece, dont la longueur étoit fixée par la néceffité d'être folides ; enforte que ne pouvant excéder une largeur proportionnée à la folidité des linteaux, ils prirent le parti de tenir ces vuides plus larges par le bas ; ce que nous avons entièrement abandonné depuis la découverte de l'art du trait : l'autre, Figure 10, en élargiffant par le haut, étoit celle qui étoit en effet plus large par le haut que par le bas ; les Anciens ayant remarqué que les vuides paralleles paroiffoient fe rétrécir par le haut, ont cru devoir les tenir plus larges, afin que par un effet de perfpective, ils duffent fembler être paralleles. Cette méthode a eu peu de partifans, & a été fort peu goûtée des Architectes : auffi n'en a-t-on prefque point fait d'ufage, à caufe de fa grande irrégularité.

Proportion des vuides.

Les anciens Architectes, bien loin d'avoir donné des principes conftants fur la proportion des vuides, ont différé entr'eux fur cet objet : Vitruve & Vignole, que j'ai obfervé fcrupuleufement, leur ont donné à tous indiftinctement pour hauteur deux fois leur largeur ; & les Modernes, qui ont à peine ofé altérer cette Loi, s'en font fort peu écarté. J'ai cru néanmoins que ce rapport devoit différer, relativement à la folidité ou à la délicateffe des Ordres auxquels les vuides étoient appliqués, & que, fans s'éloigner de ce qui paroiffoit agréable à la vue, on pouvoit donner à leur hauteur au plus deux fois & demie leur largeur, proportion relative à l'Ordre délicat, & au moins deux fois leur largeur, proportion relative à l'Ordre Ruftique ; enfin aux Ordres intermédiaires, une proportion auffi intermédiaire. J'ai en conféquence déterminé la proportion du vuide Tofcan, Figure 11, & lui ai affigné pour hauteur deux fois fa largeur : à celui de l'Ordre Dorique, Figure 12, deux fois & un fixieme de fa largeur : à celui de l'Ordre Ionique, Figure 13, deux fois & un quart de fa largeur : & à celui de l'Ordre Corinthien, deux fois & demie de fa largeur ; & comme le caractere de l'Ordre Compofite eft de participer des deux précédens, je lui ai auffi donné une proportion moyenne.

On peut remarquer ici, comme le repréfentent les Figures 11, 12, 13 & 14, que la proportion de deux fois & un fixieme, Figure 12, relative au Dorique; & celle de deux fois & un quart, Figure 13, relative à l'Ionique, ne font pas des moyens arithmétiques parfaitement exacts entre la proportion, Figure 11, attribuée au Tofcan, & celle, Figure 14, attribuée au Corinthien; que pour y obferver une relation parfaite, il faudroit diminuer tant foit peu la premiere & augmenter tant foit peu la deuxieme, fuivant une ligne A B, entre le Tofcan & le Corinthien; comme auffi pour l'exactitude de celle attribuée au Compofite, de tenir un jufte milieu, fuivant une ligne C D, entre l'Ionique & le Corinthien.

Les ouvertures en plein ceintre, & les ouvertures quarrées, quoique d'égales dimenfions, ne peuvent être confidérées comme ayant les mêmes proportions, puifque les uns ont moins de vuides que les autres; confidération qui a quelquefois déterminé les Architectes à leur donner un peu plus ou un peu moins de hauteur, relativement à la délicateffe plus ou moins grande des Edifices auxquels ils font appliqués.

Des Portes.

Les portes font des ouvertures pratiquées aux murs de face, qui fervent d'entrées aux bâtiments; il en eft de trois fortes; la premiere, appellée porte cochere ou porte charretiere, eft deftinée au paffage des voitures, & differe de largeur, depuis fept pieds, jufqu'à douze, & au-delà; les unes font circulaires, Figure 16, & les autres quarrées, Figure 17, d'autres fous les formes que nous avons vu, mais moins régulieres.

(Fig. 16.) *Porte ceintrée.*

A Impofte.   D Alette.   F Contreniche.
B Archivolte   E Niche.   G Retraite.
C Clef.

(Fig. 17.) *Porte quarrée.*

A Chambranle.   C Retraite.
B Niche.   D Socle.

PLANCHE XIX.

La deuxieme efpece de porte, Figure 1, appellée porte bâtarde, eft

MODERNE.

deftinée aux Maifons Bourgeoifes, & differe de largeur, depuis quatre pieds jufqu'à fept pieds; la troifieme, Figure 2, appellée porte d'allée, eft deftinée aux Maifons de Marchands Artifants, ou autres de peu d'importance, & differe de largeur depuis deux pieds jufqu'à quatre pieds; les unes & les autres font décorées, relativement à la fimplicité ou à la richeffe des Ordres auxquels elles appartiennent.

(Fig. 1.) Porte bâtarde.

1 Chambranle.
2 Frife.
3 Corniche.
4 Confole.
5 Amortiffement.
6 Socle.
7 Avant-corps.

(Fig. 2.) Porte d'allée.

1 Chambranle.
2 Table.
3 Architrave.
4 Frife.
5 Corniche.
6 Amortiffement.
7 Socle.
8 Avant-corps.

Il eft encore des portes, Figure 3, appellées portes croifées, parce qu'en fervant d'entrée, elles fervent en même tems à éclairer l'intérieur des pieces; on les fait, comme les autres, circulaires, quarrées ou autrement.

(Fig. 3.) Porte-croifée.

1 Chambranle.
2 Eventail.
3 Linteaux.
4 Portes.

Des Croifées.

Les croifées, Figures 4, 5 & 6, font des ouvertures pratiquées aux murs de face, & deftinées à éclairer l'intérieur des appartemens; on les fait prefque toujours quarrées, quelquefois, mais plus rarement, furbaiffées, & jamais circulaires, qui eft la forme réfervée pour les portes; leur décoration, comme ces dernieres, doit auffi fe reffentir du caractere de l'Ordre auquel elles appartiennent; & leur largeur depuis quatre jufqu'à fix pieds, doit être proportionnée à la grandeur des pieces qu'elles doivent éclairer & à l'importance des Edifices.

LE VIGNOLE

(Fig. 4.) *Croisée quarrée.*

1. Chambranle.
2. Crossette.
3. Frise.
4. Corniche.
5. Amortissement.
6. Appui.
7. Console.
8. Niche-quarrée.

(Fig. 5.) *Croisée surbaissée ou bombée.*

1. Chambranle.
2. Crossette.
3. Frise.
4. Corniche.
5. Console.
6. Appui.
7. Triglyphes.
8. Table.
9. Avant-corps.

(Fig. 6.) *Croisée quarrée.*

1. Chambranle.
2. Crossette.
3. Frise.
4. Corniche.
5. Consoles.
6. Fronton.
7. Timpan.
8. Avant-corps.

Il est encore des croisées nommées croisées Attiques, que l'on place en effet dans les étages en Attiques; ces croisées ne different des précédentes que par leur proportion; leur richesse se ressent du caractere des Ordres auxquels elles sont appliquées; on leur donne pour hauteur, depuis une fois & demie leur largeur, proportion attribuée à l'Ordre Toscan, jusqu'à deux fois, proportion attribuée à l'Ordre Corinthien, & des rapports moyens pour celles des Ordres Doriques, Ioniques & Composites.

Des Lucarnes.

Les lucarnes sont des moyennes croisées pratiquées au sommet des murs de face, pour éclairer les pieces qui sont dans les combles; leur richesse est aussi analogue à celles des Ordres auxquels elles sont appliquées; on leur donne pour hauteur, depuis une fois leur largeur, proportion relative à l'Ordre Toscan, jusqu'à une fois & demie, proportion relative à l'Ordre Corinthien, & des rapports moyens pour celles des Ordres intermédiaires.

(Fig. 7.) *Lucarne quarrée.*

1. Chambranle.
2. Socle.
3. Consoles.
4. Clef.
5. Champ.
6. Corniche.
7. Fronton.
8. Timpan.

Fig.

MODERNE.

(Fig. 8.) *Lucarne surbaissée ou bombée.*

1 Chambranle.	3 Pilastre.	5 Corniche.
2 Socle.	4 Frise.	6 Socle.

(Fig. 9.) *Lucarne circulaire.*

1 Alette saillante.	4 Archivolte.	7 Corniche.
2 Socle.	5 Clef.	8 Avant-corps.
3 Imposte.	6 Champ.	

PLANCHE XX.

Œils-de-bœufs, Mezzanines, Niches, Trumeaux, Pied-droits, Écoinsons, Encoignures.

Les œils-de-bœufs, ainsi nommés, parce qu'ils en ont à peu près la forme, sont des ouvertures presque toujours circulaires, destinées comme les précédentes à éclairer les pieces qui sont dans les combles ; leur richesse doit aussi être relative à celle de l'Ordre qui décore l'Edifice.

(Fig. 1.) *Œil-de-bœuf circulaire.*

1 Chambranle.	3 Oreillon.	5 Pilastre.
2 Champ.	4 Socle.	6 Corniche.

(Fig. 2.) *Œil-de-bœuf octogone.*

1 Chambranle.	3 Socle.	5 Fronton.
2 Champ.	4 Corniche.	6 Timpan.

(Fig. 3.) *Œil-de-bœuf ovale.*

1 Chambranle.	3 Socle.	5 Chapiteau.
2 Champ.	4 Console.	6 Volute.

Les mezzanines, de l'Italien *mezanini*, sont des ouvertures presque toujours rectangulaires, placées dans les entrecolonnements des Ordres demi-colossaux, ou dans les frises des entablements, & destinées à éclairer les pieces subalternes, souvent au-dessus des principaux appartements ; leur richesse doit être relative à celle de l'Ordre : on leur donne de hauteur, depuis environ moitié de leur largeur, jufqu'à peu près les deux tiers.

(Fig. 4.) *Mezzanine rectangulaire.*

1 Chambranle.　　　2 Champ.　　　3 Corniche.

(Fig. 5.) *Mezzanine elliptique.*

1 Chambranle.　　　2 Champ.　　　3 Oreillons.

(Fig. 6.) *Mezzanine à pans.*

1 Chambranle.　　　2 Champ.　　　3 Cimaife.

Des vuides apparents.

Parmi les vuides apparents, les niches tiennent le premier rang ; ce font des efpeces de cavités deftinées à contenir des figures ou des vafes : ces cavités pratiquées dans l'épaiffeur des murs, en alterent la folidité & font rarement un bel effet dans les façades extérieures. Il en eft de grandes & de petites, les unes & les autres circulaires ou quarrées, tant en plan qu'en élévation ; ces dernieres réfervées pour les Ordres Ruftiques, les dimenfions des grandes niches doivent être réglées fur la hauteur des figures qu'elles doivent contenir ; & celles-ci doivent avoir le tiers de la hauteur de la colonne, obfervant toujours que l'œil de la figure foit de niveau au centre du cercle de la niche.

(Fig. 7.) *Niche quarrée.*

1 Niche.　　　4 Champ.　　　7 Socle.
2 Chambranle.　　5 Piedeftal.
3 Table.　　　　6 Bandeau.

(Fig. 8.) *Niche circulaire.*

1 Niche.　　　5 Impofte.　　　9 Champ.
2 Champ.　　　6 Archivolte.　　10 Socle.
3 Table.　　　7 Clef.
4 Pied-droit.　　8 Chambranle.

Les petites niches font deftinées à contenir des buftes, genre de décoration fort peu en ufage, & dont l'effet eft rarement heureux.

MODERNE.
(Fig. 9.) *Niche ovale.*

1 Niche.	3 Pilastre.	5 Appui.
2 Chambranle.	4 Fronton.	6 Consoles.

(Fig. 10.) *Niche en cul-de-four.*

1 Niche.	3 Chapiteau.	5 Appui.
2 Chambranle.	4 Volutes.	6 Consoles.

Les glaces, découverte moderne, qui contribue beaucoup aux embellissements, font encore des vuides apparents, destinés à multiplier les pieces & à répéter les richesses répandues dans l'intérieur des appartements; comme leur objet principal est de représenter des vuides réels, elles doivent aussi avoir les mêmes rapports, & par leur proportion se ressentir du caractere de l'Ordre qui préside.

Des pleins.

(Fig. 11.) Les trumeaux A sont, aux façades extérieures, les parties de mur qui séparent les ouvertures de portes ou de croisées les unes des autres: les anciens étoient dans l'usage de faire leurs trumeaux très-larges, ce qui préservoit l'intérieur de leurs demeures des grandes chaleurs de l'Eté, & des grands froids de l'Hiver; nous les avons imité dans plusieurs de nos bâtiments; nous avons quelquefois donné, & sans aucune raison, dans un excès contraire; de ces deux manieres, l'une donnant beaucoup d'obscurité, & l'autre nuisant souvent à la solidité: j'ai cru devoir me conformer au sentiment des plus habiles Architectes, & leur donner, comme aux ouvertures, une proportion convenable & relative aux Ordres ou à leur expression, assignant aux trumeaux Toscans une largeur égale à celle des vuides, aux trumeaux Corinthiens les deux tiers de cette même largeur, & aux trumeaux Doriques & Ioniques des rapports moyens.

Les pied-droits B sont les jambages d'une porte ou croisée, qui, en s'élevant perpendiculairement, déterminent la largeur d'une baye (*a*).

Les alettes C, de l'Italien *aletta*, petite aîle, sont les deux montans d'une niche quarrée, espece de doubles pied-droits, qui n'ont pour ainsi dire de profondeur que la saillie des impostes qu'ils contiennent, & de largeur à peu près celle d'un module; ce sont encore les petits montans qui sup-

---
(*a*) Une baie est le vuide d'une porte ou croisée.

portent la tablette d'une baluſtrade, appellés plus proprement acroteres.

Un écoinſon D eſt, dans l'intérieur d'une piece, l'eſpace ou partie de mur de face entre le jambage d'une porte ou de croiſée & l'angle de la piece. C'eſt encore dans une façade extérieure l'eſpace en arriere corps entre l'angle rentrant qu'il fait avec l'avant-corps, & le tableau de la premiere croiſée.

Une encoignure E eſt l'angle ſaillant d'un avant-corps ou arriere-corps, dont la largeur doit annoncer une ſolidité capable de réſiſter à la pouſſée des platebandes, dont l'effort tend toujours au vuide.

(Fig. 11.)

A Trumeau.   C Alette.   E Encoignure.
B Pied-droit.   D Ecoinſon.

CHAPITRE IV.
DES SAILLIES.

PLANCHE XXI.

Impoſtes & Archivoltes.

Une impoſte eſt le couronnement de l'alette & l'appui de l'archivolte. Cette partie de la décoration, imaginée pour interrompre l'union de l'arc avec l'alette, a, comme l'architrave de l'Ordre, peu de ſaillie. Sa hauteur eſt à-peu-près d'un module; elle doit être placée au-deſſus de la moitié de l'Ordre, au niveau du centre de l'arcade. Des raiſons particulieres obligent quelquefois de placer l'impoſte au-deſſous du centre; mais ſeulement juſqu'à ce que le rayon viſuel puiſſe faire niveau avec le centre de l'arcade. Les moulures dont elles ſont compoſées doivent avoir une expreſſion relative aux Ordres; c'eſt-à-dire, ruſtique, moyenne ou délicate.

Une archivolte, du Latin *arcus volutus*, arc contourné, eſt une eſpece de chambranle qui ſert de bordure à une arcade en plein ceintre, & rarement d'autre forme. Les moulures dont elles ſont compoſées ſont à-peu-près les mêmes que celles de l'impoſte; mais ſur-tout d'une richeſſe analogue à la ruſticité ou à la délicateſſe des Ordres.

MODERNE.

(Fig. 1.) *Impoſte & Archivolte Toſcane, ſuivant Vignole.*

A Trumeau.
B Alette.
C Impoſte { 1 platebande. 2 filet.
D Archivolte { 3 platebande. 4 filet.

(Fig. 2.) *Autre Impoſte & Archivolte Toſcane.*

Vignole ayant donné à cette partie de décoration des membres trop foibles pour un Ordre ruſtique, j'ai jugé néceſſaire d'en changer les dimenſions, en leur donnant plus de force & plus de ſaillie.

A Trumeau.
B Alette.
C Impoſte { 1 platebande. 2 filet.
D Archivolte { 3 platebande. 4 filet.

(Fig. 3.) *Impoſte & Archivolte Dorique, ſuivant Vignole.*

A Trumeau.
B Alette.
C Impoſte { 1 premiere platebande. 2 ſeconde platebande. 3 filet. 4 baguette. 5 quarderond. 6 filet.
D Archivolte { 7 premiere platebande. 8 ſeconde platebande. 9 filet. 10 baguette. 11 quarderond. 12 filet.

(Fig. 4.) *Autre Impoſte & Archivolte Dorique.*

Vignole ayant donné trop de membres, & conſéquemment trop enrichi cette partie relative à l'Ordre ſolide, j'ai cru qu'il étoit néceſſaire d'en diminuer le nombre, & de la rendre plus conforme à ſon caractere.

A Trumeau.
B Alette.
C Impoſte { 1 premiere platebande. 2 ſeconde platebande. 3 filet.
D Archivolte { 4 premiere platebande. 5 ſeconde platebande. 6 filet.

LE VIGNOLE

(Fig. 5.) *Imposte & Archivolte Ionique, suivant Vignole.*

A Trumeau.   B Alette.

C Imposte {
- 1 premiere platebande.
- 2 feconde platebande.
- 3 filet.
- 4 baguette.
- 5 quarderond.
- 6 larmier.
- 7 talon.
- 8 filet.

D Archivolte {
- 9 premiere platebande.
- 10 feconde platebande.
- 11 talon.
- 12 filet.

(Fig. 6.) *Autre Imposte & Archivolte Ionique.*

Vignole ayant donné trop de richeffe à l'impofte, & trop peu à l'archivolte, relativement au caractere moyen de cet Ordre, j'ai cru devoir faire un changement à l'un & à l'autre en leur donnant une richeffe moyenne.

A Trumeau.   B Alette.

C Imposte {
- 1 premiere platebande.
- 2 feconde platebande.
- 3 troifieme platebande.
- 4 filet.
- 5 quarderond.
- 6 filet.

D Archivolte {
- 7 premiere platebande.
- 8 feconde platebande.
- 9 troifieme platebande.
- 10 filet.
- 11 quarderond.
- 12 filet.

PLANCHE XXII.

IMPOSTES ET ARCHIVOLTES.

(Fig. 1.) *Imposte & Archivolte Corinthienne, suivant Vignole.*

A Trumeau.   B Alette.

C Imposte {
- 1 aftragale.
- 2 gorgerin.
- 3 filet.
- 4 baguette.
- 5 quarderond.
- 6 larmier.
- 7 talon.
- 8 filet.

D Archivolte {
- 9 premiere platebande.
- 10 baguette.
- 11 feconde platebande.
- 12 filet.
- 13 quarderond.
- 14 troifieme platebande.
- 15 talon.
- 16 filet.

(Fig. 2.) *Autre Imposte & Archivolte Corinthienne.*

Vignole ayant trop peu enrichi une impofte, qui tient à l'Ordre le plus

MODERNE. 39

délicat & le plus riche de tous, j'ai cru devoir y ajouter des ornements convenables à son caractere, l'archivolte étant la même.

A Trumeau.

C Impofte { 1 aftragale. 2 gorgerin. 3 filet. 4 baguette. 5 quarderond. 6 larmier. 7 talon. 8 filet.

B Alette.

D Archivolte { 9 premiere platebande. 10 baguette. 11 feconde platebande. 12 filet. 13 quarderond. 14 troifieme platebande. 15 talon. 16 filet.

(Fig. 3.) *Impofte & Archivolte Compofite.*

A Trumeau.

C Impofte { 1 aftragale. 2 gorgerin. 3 filet. 4 baguette. 5 douffine. 6 filet. 7 larmier. 8 cavet. 9 filet.

B Alette.

D Archivolte { 10 premiere platebande. 11 talon. 12 feconde platebande. 13 filet. 14 quarderond. 15 cavet. 17 filet.

(Fig. 4.) *Autre Impofte & Archivolte Compofite.*

Vignole ayant employé trop de membres à fon impofte & trop peu à fon archivolte, & ne les ayant point enrichis, quoiqu'elles appartiennent à un Ordre fufceptible de richeffes, j'ai fait des changements à l'une & à l'autre, & leur ai donné des ornements conformes au caractere de l'Ordre.

A Trumeau.

C Impofte { 1 aftragale. 2 gorgerin. 3 filet. 4 baguette. 5 talon. 6 larmier. 7 baguette. 8 cavet. 9 filet.

B Alette.

D Archivolte { 10 premiere platebande. 11 baguette. 12 feconde platebande. 13 talon. 14 troifieme platebande. 15 baguette. 16 cavet. 17 filet.

LE VIGNOLE
PLANCHE XXIII.

Clefs, Contre-clefs, Claveaux, Contre-claveaux, Chambranles, Contre-chambranles, Arriere-chambranles, Bandeaux, Contre-bandeaux, Cadres, Croffettes.

Fig. 1, 2 & 3. *Les clefs* A font des vouffoirs en forme de coins, qui ferment une arcade ou une voûte d'où elles ont pris leur nom; on les orne quelquefois de parties d'Architecture, ou de Sculpture relatives à l'ordonnance des façades. La bafe de la clef doit être égale à la largeur de l'intrador des vouffoirs, & celle-ci déterminée à-peu-près par l'épaiffeur des affifes, qui, égales entre elles, doivent former avec les vouffoirs une régularité agréable à la vue.

Les *contre-clefs* B font les vouffoirs qui touchent la clef d'une arcade, & font quelquefois arriere-corps avec elle, & avant-corps fur les autres vouffoirs.

Les *claveaux* C font tous les vouffoirs d'une arcade ou voûte.

Les *contre-claveaux* D font les vouffoirs qui font arriere-corps avec les claveaux, & qui réunis forment ce qu'on appelle boffages alternatifs.

Les *clefs* A, *contre-clefs* B, & *claveaux* C d'une arcade font quelquefois féparés entre eux par un intervalle E, repréfentant un joint fort large auquel on a donné le nom de refend. Ces refends, qui en effet repréfentent des joints, doivent comme eux tendre au centre de l'arcade & fe retourner dans l'intérieur du tableau, ou fe terminer fort près de l'arcade.

Les *chambranles*, Fig. 4, 5, 6, 7 & 8, font des membres faillants compofés de plufieurs moulures, fervant de bordures aux portes & aux croifées, & dont l'enfemble fait un ornement d'Architecture très-agréable dans les façades. La largeur du chambranle doit être à-peu-près la fixieme partie de celle du vuide de la porte ou croifée qu'il décore, & fa faillie environ la fixieme partie de fa largeur, proportion qui doit, comme l'affemblage des moulures, varier relativement au caractere plus ou moins délicat de l'ordonnance ou de fon expreffion ruftique, folide, moyenne ou délicate.

Les *contre-chambranles* A, Fig. 9 & 10, font des parties liffes, touchant aux chambranles, & faifant arriere-corps avec eux; objets de décoration deftinés à produire des ombres & donner aux façades un mouvement qui caractérife le genre d'ordonnance. Leur largeur, fouvent indéterminée, ne doit jamais excéder celle du chambranle; mais lui être proportionnée comme d'un à deux, à trois, ou à quatre, de deux à trois, à quatre ou à cinq, &c. &c.

&

MODERNE.

& leur saillie auſſi proportionnée de même à celle du chambranle.

Les *arrieres-chambranles* B, Fig. 10, ſont encore des parties liſſes enfoncées, touchant aux chambranles, faiſant arriere-corps avec eux, & formant une eſpece de deuxieme contre-chambranle. Cette autre partie de décoration a le même objet que la précédente & eſt ſoumiſe aux mêmes loix.

Les *bandeaux* A, Fig. 11 & 12, ſont des chambranles dépourvus de moulures, deſtinés aux décorations ſimples, & le plus ſouvent fondés ſur l'économie.

Les *contre-bandeaux* B, Fig. 12, ſont des parties liſſes touchant aux bandeaux, ſoumiſes aux mêmes proportions que les contre-chambranles & arrieres-chambranles.

Les *cadres*, Fig. 13, 14, 15, 16, 17, 18 & 19, ſont bien en effet les chambranles des portes & croiſées; mais plus encore des moulures appliquées à la vive arrête des tableaux des mêmes croiſées; ce genre d'ornement, plus toléré que tolérable, ne peut avoir d'analogie avec le caractere des Ordres, & conſéquemment de proportions ni de richeſſes relatives.

13 Douſline.
14 Cavet.
15 Feuillure.
16 Baguette.

17 Quarderond.
18 Cavet & Filet.
19 Baguette & Filet.

Les croſſettes A, Fig. 20, 21 & 22, ſont des parties extérieures des chambranles faiſant reſſauts, qui lui donnant une ſorte de mouvement, ſemble ajouter à leur richeſſe; au-deſſous de quelques-unes l'on y joint quelquefois des gouttes. La proportion des croſſettes eſt d'environ le quart de la hauteur, hors œuvre des chambranles auxquels elles ſont appliquées; on en place quelquefois, mais plus rarement aux linteaux & aux appuis.

PLANCHE XXIV.

Cannelures, Tables, Champs, Contre-champs, Cimaiſes, Plinthes.

Les cannelures ou caneaux ſont des parties creuſées ſymétriquement dans l'épaiſſeur des colonnes ou pilaſtres des friſes, des corniches, ou autres parties liſſes, dans leſquelles on incruſte quelquefois des ornements de Sculpture. Ces cannelures ſont plus ou moins creuſées, plus ou moins ornées, ſuivant le caractere de l'ordonnance.

F

Fig. 1. Cannelures creusées sur la base du triangle équilatéral, employées à l'Ordre Dorique du Portail de l'Eglise de S. Sulpice. A *cannelures*, B *petit listel* reservé seulement pour la solidité de la vive-arrête.

Fig. 2. Cannelures creusées sur le demi-cercle arrasé, employées à l'Ordre Dorique extérieur du Château de Maisons. A *cannelures*, B *listels*, C *boudins ronds & saillants*.

Fig. 3. Cannelures creusées sur le demi-cercle enfoncé, employées à l'Ordre Dorique intérieur du Château de Maisons. A *cannelures*, B *listels cannelés*, C *boudins ronds arrasés*.

Fig. 4. Cannelures Ioniques creusées sur le demi-cercle arrasé, employées au Château de Maisons. A *cannelures*, B *listels cannelés*, C *boudin applatti arrasé*.

Fig. 5. Cannelures Ioniques creusées sur le demi-cercle enfoncé, employées au Château des Tuileries. A *cannelures*, B *listels*, C *quarderond arrasé*, D *filet rentrant*, E *dégagement*, F *boudin rond arrasé*.

Fig. 6. Cannelures Corinthiennes creusées sur le demi-cercle enfoncé, employées au Château de Maisons. A *cannelures*, B *listel double*, C *portion circulaire cannelée*.

Les *tables* sont des corps distingués de la surface des murs; elles sont saillantes, arrasées ou rentrantes, simples ou composées, pauvres ou riches, & décorées d'ornements d'Architecture ou de Sculpture. Ces tables sont destinées à porter des bas-reliefs, des trophées, ou inscriptions relatives à l'usage des Edifices; les plus saillantes sont consacrées aux Ordres solides, & les plus rentrantes aux Ordres délicats.

Fig. 7. Table saillante, 1 table, 2 champ.

8. Table enfoncée saillante, 1 table, 2 rainure, 3 champ.

9. Table arrasée simple, 1 table, 2 rainure, 3 champ.

10. Table enfoncée rentrante, 1 table, 2 rainure, 3 champ.

11. Table double saillante, 1 table, 2 listel, 3 champ.

12. Table saillante arrasée, 1 table, 2 listel, 3 champ.

13. Table saillante rentrée, 1 table, 2 listel, 3 champ.

14. Table rentrante simple, 1 table, 2 champ.

Les *champs* B, Fig. 15 & 16, sont des parties lisses & unies qui séparent les moulures, les chambranles, les corps rentrants ou saillants les uns des autres; ce sont autant de repos qui donnent souvent plus de valeur aux membres d'Architecture qu'un grand nombre de moulures & d'ornements distribués avec profusion: leur dimension n'est point arbitraire; trop de largeur rend l'Architecture massive & lourde; trop peu la rend petite & mes-

MODERNE.

quine : du rapport des membres comparés entre eux naissent les caracteres convenables & relatifs aux Ordres.

A Chambranle.   B Champ.   C Tableau.

Les *contre-champs*, font des seconds champs qui divisent les parties lisses, & leur ôtent une trop grande largeur, qui sans cela rendroit l'Architecture trop pesante.

Les *cimaises* sont des parties de corniches, composées seulement d'une cimaise & d'un larmier camus, destinées autrefois à diviser les étages des bâtiments de peu d'importance, à en indiquer les planchers, & actuellement encore à couronner les linteaux des portes & croisées, les pied-droits des portes de cour, d'avant-cour, de jardins, &c. leur proportion & leur richesse tient à celle des corniches relatives aux Ordres solides, moyens ou délicats.

(Fig. 17.) *Cimaise Toscane.*

1 Platebande.   2 Revers d'eau.

(Fig. 18.) *Cimaise Dorique solide.*

1 Filet. 2 Platebande. 3 Revers d'eau.

(Fig. 19.) *Cimaise Dorique délicat.*

1 Cavet. 2 Platebande. 3 Revers d'eau.

(Fig. 20.) *Cimaise Ionique.*

1 Filet.   3 Platebande.
2 Quarderond. 4 Revers d'eau.

(Fig. 21.) *Cimaise Corinthienne.*

1 Filet. 3 Doussine. 5 Revers d'eau.
2 Baguette. 4 Platebande.

(Fig. 22.) *Cimaise Composite.*

1 Filet 3 Cavet. 5 Revers d'eau.
2 Baguette. 4 Platebande.

Les *plinthes*, du Grec πλινθὸς, *later*, brique, ou plateau quadrangulaire, font les tablettes quarrées des bafes des colonnes, ou les dez des vafes ou figures; elles tiennent lieu de bafes aux avant-corps, aux bandeaux, chambranles, &c. & tirent auffi leur proportion & leur richeffe du caractere des Ordres folides, moyens ou délicats; les fubdivifions de leurs membres font tirées du module relatif, divifé en douze minutes pour les Ordres folides, & en dix-huit pour les Ordres délicats.

(Fig. 23.) *Plinthe Tofcan.*

1 Dez.

(Fig. 24.) *Plinthe Dorique folide.*

1 Dez.   2 Filet.

(Fig. 25.) *Plinthe Dorique délicat.*

1 Dez.   2 Cavet.

(Fig. 26.) *Plinthe Ionique.*

1 Dez.   2 Boudin.   3 Filet.

(Fig. 27.) *Plinthe Corinthienne.*

1 Dez.   3 Dégagement.   5 Filet.
2 Boudin.   4 Baguette.

(Fig. 28.) *Plinthe Compofite.*

1 Dez.   3 Baguette.   4 Filet.
2 Boudin.

PLANCHE XXV.

Triglyphes, Gouttes, Chapiteaux de Triglyphes, & Corniches architravées.

Les triglyphes, du Grec Τριγλυφῶ, qui a trois gravures; font des efpeces de boffages qui repréfentent l'extrémité des folives des planchers. Ces triglyphes contiennent trois glyphes ou caneaux creufés dans leur épaiffeur, imitation des eaux qui sortent des fibres du bois encore vert & se répandent en pleurs; ces sortes de saillies sont attribuées particulierement à l'Ordre Dorique, & sont placées à plomb de chaque colonne ou pilastre; leur proportion ordinaire doit être comme deux à trois; c'est-à-dire, que leur largeur soit les deux tiers de leur hauteur; tels sont ceux qu'on emploie dans les ordonnances régulieres : les autres peuvent être d'une composition & d'une proportion différente, & variés suivant la convenance des Edifices, & souvent suivant le goût des Artistes.

(Fig. 1.) *Triglyphe simple.*

A Table.
B Chapiteau.
C Cordon.
D Platebande.

(Fig. 2.) *Triglyphe à deux caneaux, qu'on pourroit appeller plus proprement Biglyphe.*

1 Caneaux.
2 Listel.
3 Chapiteau.
4 Cordon.
5 Platebande.

(Fig. 3.) *Triglyphe à trois caneaux.*

1 Caneaux.
2 Listel.
3 Chapiteau
4 Platebande.
5 Gouttes.

(Fig. 4.) *Triglyphe hydraulique représentant des congellations.*

1 Chapiteau.
2 Cordon.
3 Gouttes.

(Fig. 5.) *Triglyphes représentant une lyre.*

1 Chapiteau.
2 Cordon.

Des Gouttes de Triglyphes.

Les gouttes que l'on place assez ordinairement au-dessous des triglyphes sont des especes de petits prismes quadrangulaires, ou petits cônes engagés, qui représentent les pleurs sortis des fibres des bois des planchers, qui se répandent en gouttes d'où elles tirent leur nom : leur hauteur ordinaire est d'un neuvieme de module, & leur largeur par bas d'environ un sixieme de module ; dimenfions qui , comme aux triglyphes, peuvent fouffrir des altérations, relativement à la convenance & au goût des Artiftes.

Maniere d'efpacer les Gouttes.

Prolongez les lignes 1 , 6 , Fig. 6 , à-plomb & au-deffous des côtés du triglyphe. Pour placer fix gouttes, divifez l'efpace 1 , 6 , en cinq parties égales aux points 2 , 3 , 4 & 5 , qui ferviront d'axe à chacune des gouttes; divifez enfuite les efpaces 1 , 2 - 2 , 3 - 3 , 4 - 4 , 5 - 5 , 6 , en cinq parties égales, quatre defquelles feront pour la largeur totale de chaque goutte , & l'autre pour l'intervalle de l'une à l'autre ; ce qui fera autant de pleins que de vuides. La platebande qui couronne les gouttes doit fuivre parallelement leur profil , c'eft-à-dire , être difpofée en talut.

7 Partie du Triglyphe.
8 Cordon.
9 Platebande.
10 Gouttes.

(Fig. 7 & 8.) *Extrémités inférieures de Triglyphes compofés.*

1 Partie de Triglyphe.
2 Cordon.
3 Platebande.
4 Platebande tenant lieu de gouttes.
5 Gouttes en perle.

(Fig. 9 & 10.) *Chapiteaux de Triglyphes compofés.*

1 Partie de Triglyphe.
2 Chapiteau.
3 Perles.
4 Tables.

CHAPITRE V.

DES COURONNEMENTS.

LES couronnements font premierement les corniches , du Latin *corona,* couronne ; les plus compofées font celles qu'on appelle corniches architravées : ce font des entablements auxquels on a ôté la frife , & à leur architrave la cimaife , à laquelle on a fubftitué la cimaife inférieure de la corniche ; cet entablement ainfi décompofé , doit être employé par préférence dans l'intérieur des appartements , & jamais à l'extérieur des Edifices, finon dans

MODERNE.

les étages en Attiques ; cette partie mutilée ôtant à l'Architecture son caractere expressif. Pour établir des proportions plus régulieres, j'ai cru devoir diviser le module en dix-huit parties égales pour les corniches rustiques & solides, & en vingt-quatre pour les corniches moyennes & délicates.

(Fig. 11.) *Corniche architravée Toscane.*

A Architrave.

C Amortissement { 7 revers d'eau.
8 portion de socle.

B Corniche { 1 talon.
2 filet.
3 larmier.
4 filet.
5 quarderond.
6 filet.

(Fig. 12.) *Corniche architravée Dorique solide.*

A Architrave { 1 premiere platebande.
2 seconde platebande.

C Amortissement { 11 revers d'eau.
12 partie de socle.

B Corniche { 3 cavet.
4 larmier mutulaire.
5 mutule.
6 filet.
7 grand larmier.
8 filet.
9 doussine.
10 filet.

(Fig. 13.) *Corniche architravée Dorique délicate.*

A Architrave { 1 premiere platebande.
2 seconde platebande.

C Amortissement { 11 revers d'eau.
12 partie de socle.

B Corniche { 3 filet.
4 quarderond.
5 larmier denticulaire.
6 denticule.
7 grand larmier.
8 filet.
9 doussine.
10 filet.

(Fig. 14.) *Corniche architravée Ionique.*

A Architrave { 1 premiere platebande.
2 seconde platebande.
3 troisieme platebande.

C Amortissement { 13 revers d'eau.
14 partie de socle.

B Corniche { 4 filet.
5 quarderond.
6 larmier denticulaire.
7 denticules en fer à cheval.
8 grand larmier.
9 filet.
10 baguette.
11 doussine.
12 filet.

LE VIGNOLE

(Fig. 15.) Corniche Architravée Corinthienne.

A Architrave
{ 1 premiere platebande.
2 baguette,
3 feconde platebande,
4 talon,
5 troifieme platebande. }

B Corniche
{ 6 filet.
7 baguette,
8 quarderond.
9 larmier modillonnaire,
10 modillons.
11 talon.
12 grand larmier,
13 filet.
14 baguette.
15 douffine,
16 filet. }

C Amortiffement
{ 17 revers d'eau,
18 partie de focle. }

(Fig. 16.) Corniche Architravée Compofite.

A Architrave
{ 1 premiere platebande,
2 baguette,
3 feconde platebande,
4 talon,
5 troifieme platebande. }

B Corniche
{ 6 filet.
7 baguette.
8 cavet.
9 filet,
10 larmier modillonnaire,
11 modillons.
12 grand larmier.
13 filet.
14 baguette.
15 douffine,
16 filet. }

C Amortiffement
{ 17 revers d'eau,
18 partie de focle, }

PLANCHE XXVI.

CORNICHES.

Les corniches fimples font de plufieurs fortes; les unes, placées dans les dehors ou dans l'intérieur des grands Edifices, tirent leur proportion même des Ordres; les autres, placées dans l'intérieur des appartements, font le plus fouvent applaties, écrafées & quelquefois rampantes, lorfque les circonftances ne permettent point de leur conferver toute leur faillie, ou ornées de gorges; les unes & les autres fe reffentant toujours des caracteres ruftiques, folides, moyens, délicats, ou compofites. Pour donner aux parties de corniches des dimenfions convenables, j'ai formé une échelle de leur hauteur, que j'ai divifée en dix-huit parties égales pour les corniches ruftiques & folides, & en vingt-quatre parties égales pour les corniches moyennes & délicates.

Fig.

MODERNE.

Fig. 1, 2, 3 & 4, corniches Toscanes; la troisieme rampante, & la derniere à gorge.

Fig. 5, 6, 7 & 8, corniches Doriques; la troisieme rampante, & la derniere à gorge.

Fig. 9, 10 & 11, corniches Ioniques; la deuxieme rampante, & la derniere à gorge.

Fig. 12, 13 & 14, corniches Corinthiennes; la deuxieme rampante, & la derniere à gorge.

Fig. 15, 16 & 17, corniches Composites; la deuxieme rampante, & la derniere à gorge.

PLANCHE XXVII.

FRONTONS.

Les frontons, du Latin *frons* le front, imitation des couvertures inclinées, sont des portions de corniches ceintrées ou posées obliquement. Les uns appelés frontons circulaires, conviennent plus parfaitement, à cause de leur forme pesante & massive, aux Edifices où président les Ordres rustiques & solides. Ces sortes de couronnements de forme pyramidale doivent être employées de préférence aux frontispices des Temples, des Portiques & autres Edifices où la nécessité semble devoir les autoriser. La proportion de ces derniers peut différer suivant le caractere des Edifices & avoir de hauteur depuis un quart jusqu'à un cinquieme de leur base, comme le représentent les Fig. 1, 2 & 3; on peut encore les construire de trois autres manieres: la premiere, Fig. 4, sur le rayon du cercle, en portant la pointe du compas sur l'axe AB au point B, pour, de l'intervalle BC, fixer les trois points CAD, qui doivent servir à tracer le fronton. La deuxieme, Fig. 5, en portant sur l'axe AB, les deux tiers de la base au point B, pour, de l'intervalle BC, fixer les trois points CAD, qui doivent servir à tracer le fronton. La troisieme, Fig. 6, en portant sur l'axe AB, un point B, qui soit le sommet d'un triangle équilatéral, & qui ait pour base celle CD du fronton, pour, du point B, fixer les trois points CAD, qui doivent servir à tracer le fronton.

La proportion des frontons circulaires est la même que celle des frontons triangulaires, ayant aussi de hauteur depuis un quart jusqu'à un cinquieme de leur base, comme le représentent les Fig. 7, 8 & 9; on les construit aussi de trois autres manieres: la premiere, Fig. 10, sur le rayon du cercle; la deuxieme, Fig. 11, sur une ligne égale aux deux tiers de la base;

la troisieme, Fig. 12, sur un point pris au sommet du triangle équilatéral.

Fig. 13, 14, 15, 16, 17, 18, 19 & 20, différents modeles de frontons; le premier triangulaire & le deuxieme circulaire, les seuls qui soient reconnus de bon goût & acceptés des célebres Architectes; les autres sans base, à pans coupés, à console, ceintrés, brisés, coupés, interrompus, à ressauts, à crossettes, à jour, & autres semblables compositions, ouvrages des Architectes médiocres, ne peuvent être regardés que comme des puérilités & des productions de mauvais goût.

PLANCHE XXVIII.

AMORTISSEMENTS.

Les amortissements sont des parties d'Architecture & de Sculpture qui terminent les frontons dans l'ordonnance des façades, tels que le représentent les Fig. 1 & 2, ou qui en tiennent lieu comme les Fig. 3, 4 & 5. Leurs contours sinueux s'accordent difficilement avec le caractere grave de l'Architecture. Ce dernier, toujours préférable, exige les soins de l'Architecte dans la composition, & non ceux du Sculpteur, qui souvent peu sévere, enfante des productions à la vérité estimables; mais dont l'assemblage ne peut produire un bon effet en Architecture.

CHAPITRE VI.

DES ENCORBELLEMENTS.

PLANCHE XXIX.

Têtes, Mascarons, Agraffes, Consoles, Mutules, Modillons, Cassettes, Médailles & Médaillons.

Les encorbellements sont des parties saillantes d'Architecture ou de Sculpture, ornements agréables qui portent des ombres & caractérisent un Edifice. De ce nombre, sont les têtes & mascarons que l'on place assez mal-à-propos au sommet des archivoltes pour en orner les clefs. La Figure premiere représente une tête humaine; la Figure deuxieme un masque ou mascaron; & la Figure troisieme, une tête d'animal. Ces ornements, tous

MODERNE.

chefs-d'œuvres qu'ils foient, font peu convenables & ne peuvent être admis dans les façades fans altérer la vraifemblance. Les Sculptures font eftimables, mais ne peuvent faire qu'un très mauvais effet dans la bonne Architecture.

Les Figures 4 & 5, 6 & 7, 8 & 9, font des clefs en forme d'agraffes ou confoles, ornements plus convenables que les têtes & mafcarons, deftinés à couronner le fommet des archivoltes.

Les Fig. 10, 11 & 12, 13 & 14, font des confoles, ornements chantournés, deftinés à foutenir des porte-à-faux, tels que des appuis de baluftrades ou balcons, & dans l'intérieur des appartements, des poutres, poutrelles, larmiers, corniches & autres faillies. Ces fortes d'ornements, plus néceffaires qu'agréables, préfentent fouvent un caractere maffif & lourd; & en conféquence font plus convenables aux ordonnances ruftiques; néanmoins lorfque ces ornements font élégis & évuidés, leur forme devenant plus délicate, devient auffi plus fupportable.

Les caffettes, Fig. 15, 16 & 17, font des efpeces de panneaux ornés de moulures, contenant des rofettes ou rofaces diftribuées fous le fophite du larmier des corniches des Ordres délicats. Ces fortes d'ornements contribuent beaucoup à la décoration intérieure & extérieure des Edifices. La Fig. 15 repréfente le plan vu par-deffous; & les Fig. 16 & 17, deux coupes différentes.

Les mutules, Fig. 18, 19, 20 & 21, font des encorbellements ou faillies quarrées, qui caractérifent de préférence les Ordres Doriques; les uns font fimples, & les autres diftribués de panneaux; les uns & les autres contiennent quelquefois des gouttes circulaires ou quarrées, imitation des écoulements qui fortoient des pores du bois dans la primitive Architecture. La Fig. 18 repréfente le plan vu par-deffous, & les Fig. 19, 20 & 21, les élévations.

Les modillons, Fig. 22, 23, 24 & 25, font des confoles couchées, ou faillies rectangulaires, qui caractérifent les Ordres délicats; les uns, Fig. 22, décorés d'ornements, conviennent aux Ordres Corinthiens; les autres, Fig. 23, plus fimples, conviennent aux Ordres Compofites; d'autres enfin, Fig. 24, de forme plus applattie conviennent à des corniches compofées, dont la hauteur eft bornée; la Fig. 25 repréfente l'élévation en face de l'un des modillons.

LE VIGNOLE

CHAPITRE VII.
DES ORNEMENTS D'ARCHITECTURE.
PLANCHE XXX.
Boſſages & Refends.

Les boſſages, imitation des aſſiſes en pierre, ſéparées quelquefois par des interſtices qui les diſtinguent les uns des autres, ſont des ornements d'Architecture qui contribuent beaucoup à la richeſſe des façades particuliérement ruſtiques; il en eſt d'une infinité d'eſpeces compoſées des dix ſuivantes. En demi-cercle, Fig. 1; en ellipſe, Fig. 2; à angles arrondis, Fig. 3; à angles droits, Fig. 4; en pointe de diamant, Fig. 5; à pans coupés araſés, Fig. 6; à pans coupés ſaillans, Fig. 7; à pans creuſés, Fig. 8; à table ſaillante, Fig. 9; à table rentrante, Fig. 10; les uns & les autres ſont quelquefois décorés de poſtes, Fig. 11, ornements à volutes; de guillochis, Fig. 12, ornements à volutes quarrées; de ruſtiquages, Fig. 13, groſſes piquure à la pointe; de congellations, Fig. 14, imitation des glaces & glaçons; de ſurface liſſe, Fig. 15; de ſurface piquée, Fig. 16; d'écailles de poiſſon enchaſſées, Fig. 17; ou enfin d'ornements de Sculpture, Fig. 18.

Les boſſages ſont appellés continus, Fig. 19, lorſqu'ils ſe touchent les uns les autres; interrompus, Fig. 20, lorſqu'ils ſont ſéparés par un intervalle A de la deuxieme partie de la hauteur du boſſage; alternatifs, Fig. 21, lorſqu'ils ſont éloignés l'un de l'autre de la hauteur de l'un d'eux; & enfin ſéparés, lorſqu'ils ſont éloignés non-ſeulement ſur la hauteur d'un intervalle A de la douzieme partie du boſſage; mais encore ſur la largeur d'un ſemblable intervalle, de maniere à imiter les joints horiſontaux & verticaux des pierres; leur hauteur doit avoir à-peu-près un module lorſque les Ordres préſident à la décoration, & un peu plus lorſqu'ils n'y préſident point.

Les refends, imitation des joints des pierres, ſont des intervalles qui les ſéparent & qui contribuent auſſi à la richeſſe des façades particuliérement ſolides: on les diſtingue des interſtices des boſſages, en ce que ces derniers ſont le nud des murs, les boſſages étant un plus ajouté à leur épaiſſeur, & les refends ſont un moins creuſé dans l'épaiſſeur des murs: on les appelle continus, Fig. 23, lorſqu'ils repréſentent les joints horiſontaux des pierres; ſéparés, Fig. 24, lorsqu'ils repréfentent les joints horifontaux A & verticaux B des pierres; à onglets, Fig. 25, lorfque la partie creufée A forme angle aigu; & à pans coupés, Fig. 26, lorfque les arrêtes des refends A font coupés. La diftance des refends doit être d'environ un module lorfque les Ordres préfident, & un peu plus lorfqu'ils ne préfident point : leur largeur doit avoir à-peu-près la douzieme partie de l'intervalle de l'un à l'autre, & la profondeur environ moitié de leur largeur, un peu plus ou un peu moins, relativement au caractere plus ou moins folide des façades.

CHAPITRE VIII.

DES ORNEMENTS DE SCULPTURE.

LES ornements en général tirent leur origine des fleurs, des fruits & des feuilles produites par la nature : l'art de les appliquer convient à l'Architecte, & celui de les imiter au Sculpteur. Ces deux objets exigent du goût & une habitude confommée à juger des excellentes productions des Anciens en ce genre. Une fymétrie générale, un contrafte heureux, un caractere relatif à l'ordonnance, doivent faire leur principal mérite. Point de parties accablées ou dépourvues, que les cimaifes feules en foient décorées, que les larmiers, plates-bandes & liftaux foient fimples & forment repos entre elles. Les ornements affortis au contour des moulures conservent leur forme, ce qui doit en déterminer le choix. Qu'elles foient fermes ou légeres, relativement à l'efpece de matiere, au caractere des Ordres folides, moyens ou délicats; que les axes de ces ornements, pour plus d'uniformité, foient à-plomb les uns des autres, des colonnes, des pilaftres, du milieu des entrecolonnements, des ouvertures, &c. Enfin le choix & la difpofition de ces ornements doivent procurer un caractere relatif à l'expreffion de l'ordonnance, foit à l'intérieur, foit à l'extérieur des Edifices.

PLANCHE XXXI.

ORNEMENTS DES MOULURES.

Fig. 1. Ornements des quarderonds, en forme d'œufs contenus dans une espece de coque imitée de celle des marons, composés de dards, de fleurons ou feuillages.

A Oves simples, B oves en pomme de pin, C oves fleuronnés.

Fig. 2. Ornements des cavets.

A Miroirs ovales ou ellyptiques, B entrelas à rose & culots, C anse de panier & fleurons.

Fig. 3. Ornements des talons.

A Trefles à palmettes, B rais-de-cœur avec feuilles simples, C rais-de-cœur avec feuilles de chêne.

Fig. 4. Ornements des doussines.

A Canaux creux avec feuilles de chêne, B feuilles de refend, C caneaux avec roseaux.

Fig. 5. Ornements des boudins.

A Entrelas ronds avec rosettes, B feuilles d'acanthe sur faisseaux, C entrelas de rubans avec rosettes.

Fig. 6. Ornements des scoties.

A Grotesques à joncs avec fleurons, B entrelas avec rosettes & fleurons, C anse de panier avec fleurons.

Fig. 7. Ornements des bec-de-corbins.

A Godrons à noyeau, B godrons de relief, C godrons cannelés.

Fig. 8. Ornements des baguettes.

A Chapelet de patenôtres, B chapelet d'olives, C chapelet de fleurons.

PLANCHE XXXII.

Ornements des Tables, des Architraves & des Cannelures.

Fig. 1. Postes ornés de fleurons.

Fig. 2. Guillochis simples.

Fig. 3. Guillochis doubles.

Fig. 4. Mosaïques.

Fig. 5. Canaux avec listels.

Fig. 6. Canaux avec listels & dards.

Fig. 7. Canaux avec listels entrelassés, joncs & fleurons.

MODERNE.

Fig. 8 & 9, 10 & 11. Elévations & plans de pilastres, avec cannelures ornées de diverses manieres.

A Roseau simple circulaire.
B Tige de graines sur roseau double circulaire.
C Tige de laurier sur roseau ovale.
D Tige de rosette sur roseau elliptique.
E Culots de laurier sur roseau applatti, arrasé, monté sur chapelet.
F Tige de feuilles d'eau sur roseau creux portant tige.
G Culots de lys sur roseau cannelé portant tige.
H Grotesques à roses sur roseau rudenté à double filet.
I Tige de fleurons & culots.
K Tige de chapelets & patenôtres.

PLANCHE XXXIII.

AUTRES ORNEMENTS.

Fig. 1. Bas-relief pour timpan circulaire. —— Le Soleil éclairant les quatre parties du monde, représentées par leurs attributs. L'Europe par le Cheval; l'Asie, par le Croissant; l'Amérique, par le Lion; & l'Afrique, par l'Eléphant.

Fig. 2. Bas-relief pour timpan triangulaire. —— Un Fleuve & une Fontaine, carressés par un Cygne.

Fig. 3, 4 & 5, Ornements courants des frises.

Fig. 6 & 7. Ornements des métopes & cassettes, rosettes & rosaces.

PLANCHE XXXIV.

BAS-RELIEFS, ORNEMENTS DES TABLES.

Fig. 1. Trophées d'Arts.
Fig. 2. Trophées de Sciences.
Fig. 3. Trophées de Justice.
Fig. 4. Trophées de Danse.
Fig. 5. Trophées d'Amours.
Fig. 6. Trophées de Mythologie.
Fig. 7. Bas-relief historique. —— Sacrifice.

LE VIGNOLE MODERNE,

PLANCHE XXXV.

BAS-RELIEFS, GUIRLANDES ET DRAPERIES.

Fig. 1. Bas-relief historique. —— Le Génie de la Poésie échauffe & anime la Peinture.
Fig. 2. Bas-relief historique. —— L'Astronomie & la Chymie.
Fig. 3. Bas-relief. —— Corne d'abondance & palme.
Fig. 4. Cartel d'ornements.
Fig. 5. Draperies festonées.
Fig. 6. Guirlandes de fleurs.
Fig. 7 & 8. Draperies.

PLANCHE XXXVI.

ORNEMENTS.

Fig. 1. Cartouche orné de rosettes, rosaces & tables.
Fig. 2. Cul-de-lampe orné de fleurons & godrons.
Fig. 3. Cul-de-lampe à anses, orné de fleurons & godrons.
Fig. 4. Guaine à pans.
Fig. 5. Guaine quarrée.
Fig. 6. Candélabre à l'usage des sacrifices.
Fig. 7. Candélabre avec bobeches.
Fig. 8. Candélabre propre à porter lustres.
Fig. 9 & 10. Cassolettes.
Fig. 11 & 12. Vases.

FIN.

De l'Imprimerie de N.-FR. VALLEYRE le jeune, rue Saint-Severin.

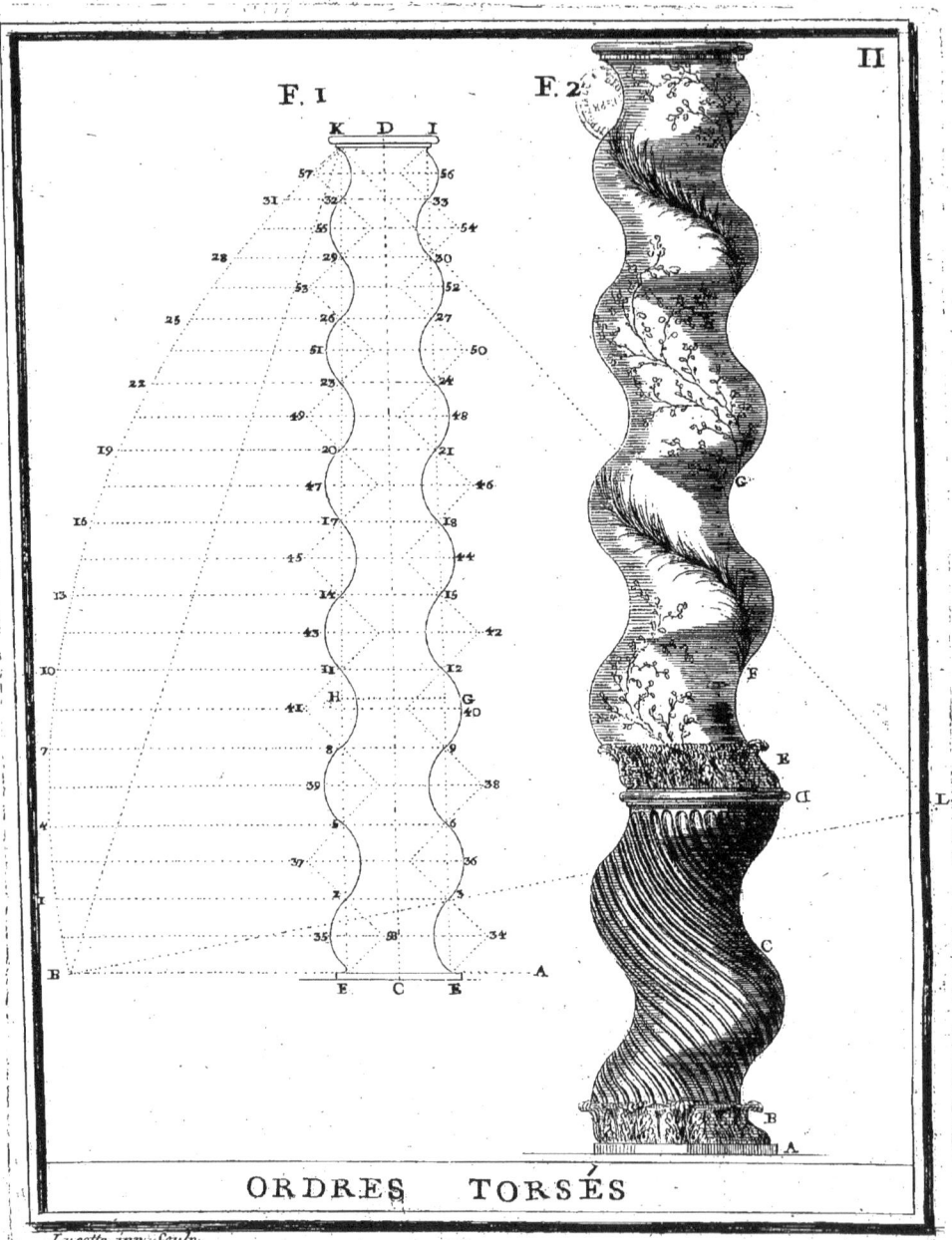

ORDRES TORSÉS

F.2 F.1 III

ORDRES CARIATES ET PERSIQUES

Lucotte inv. Sculp.

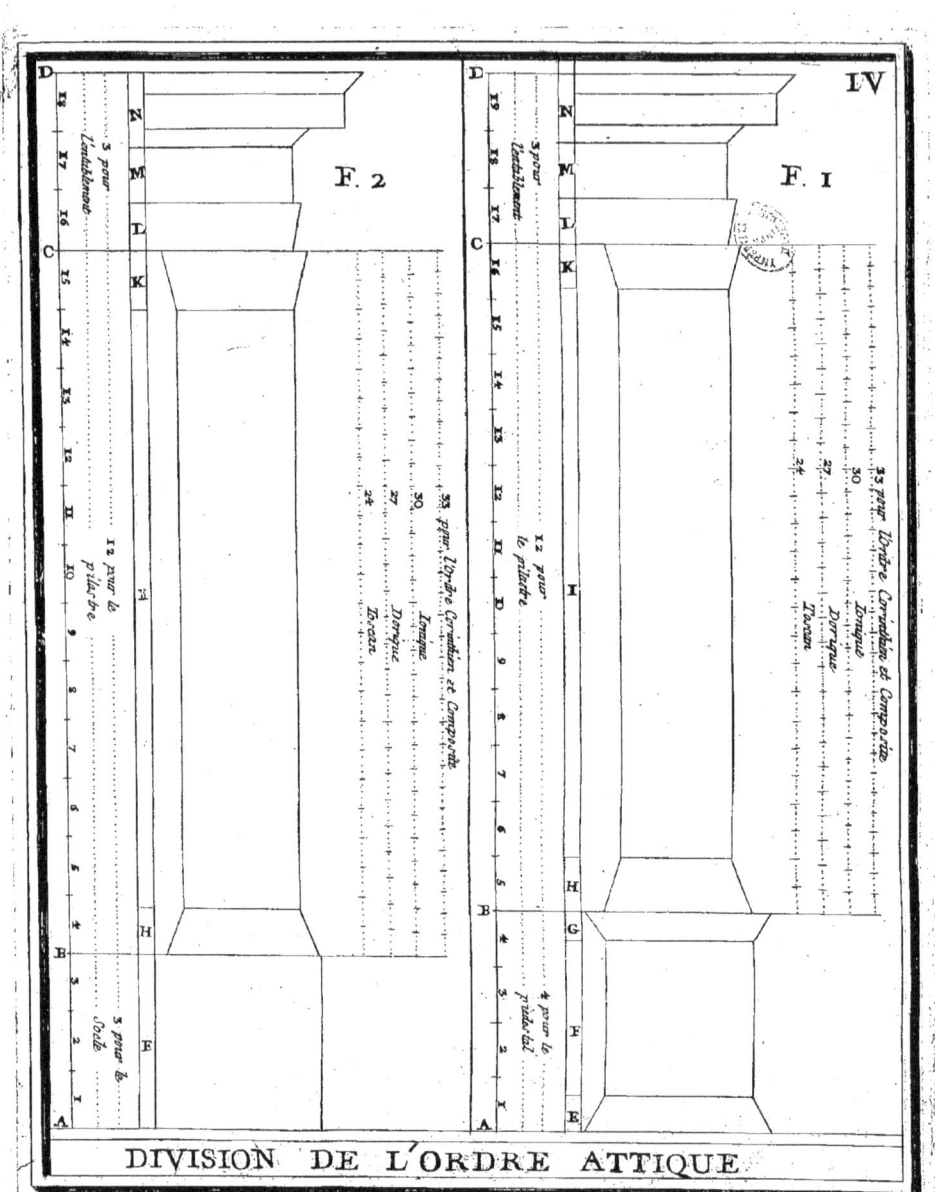

DIVISION DE L'ORDRE ATTIQUE

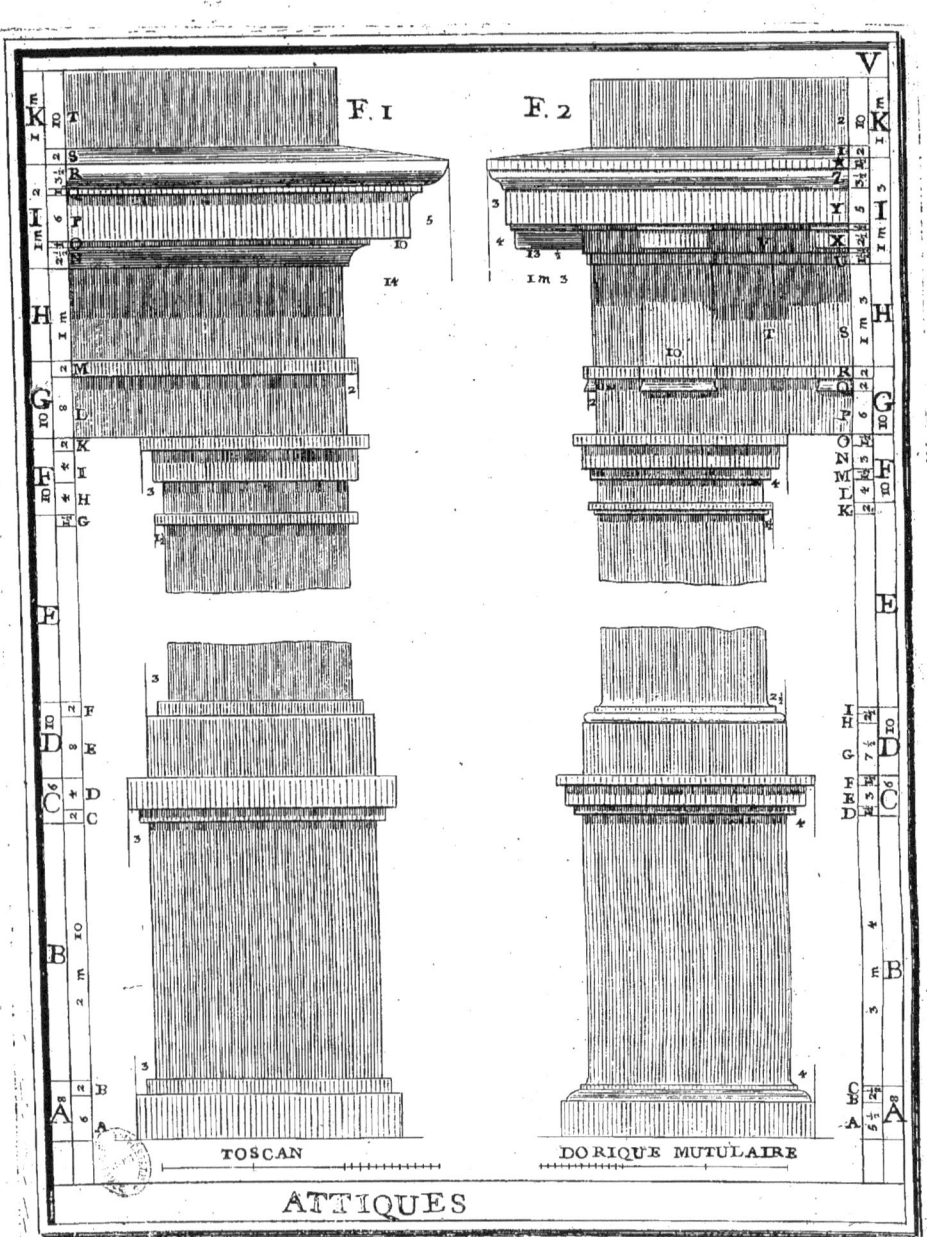

ATTIQUES — F.1 TOSCAN — F.2 DORIQUE MUTULAIRE

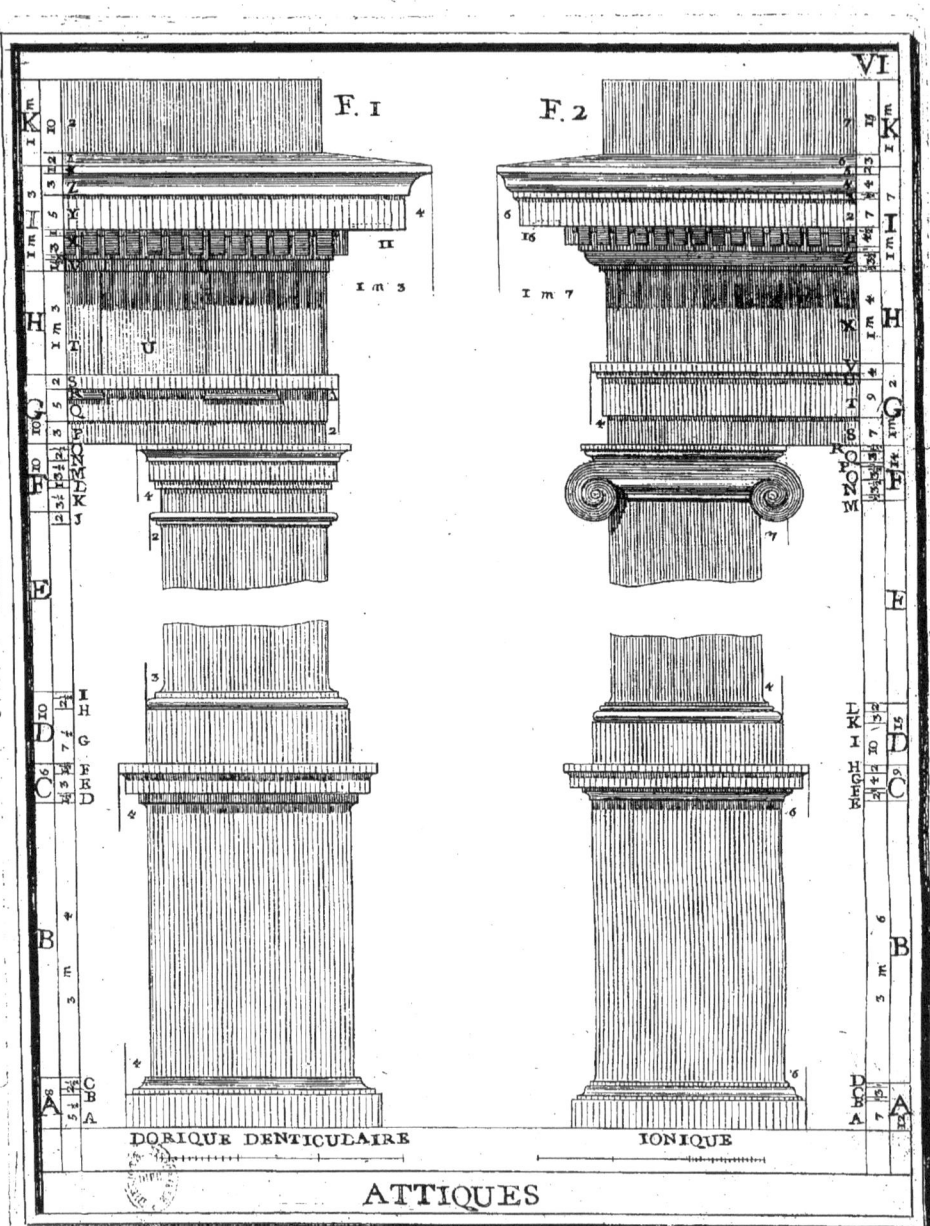

ATTIQUES

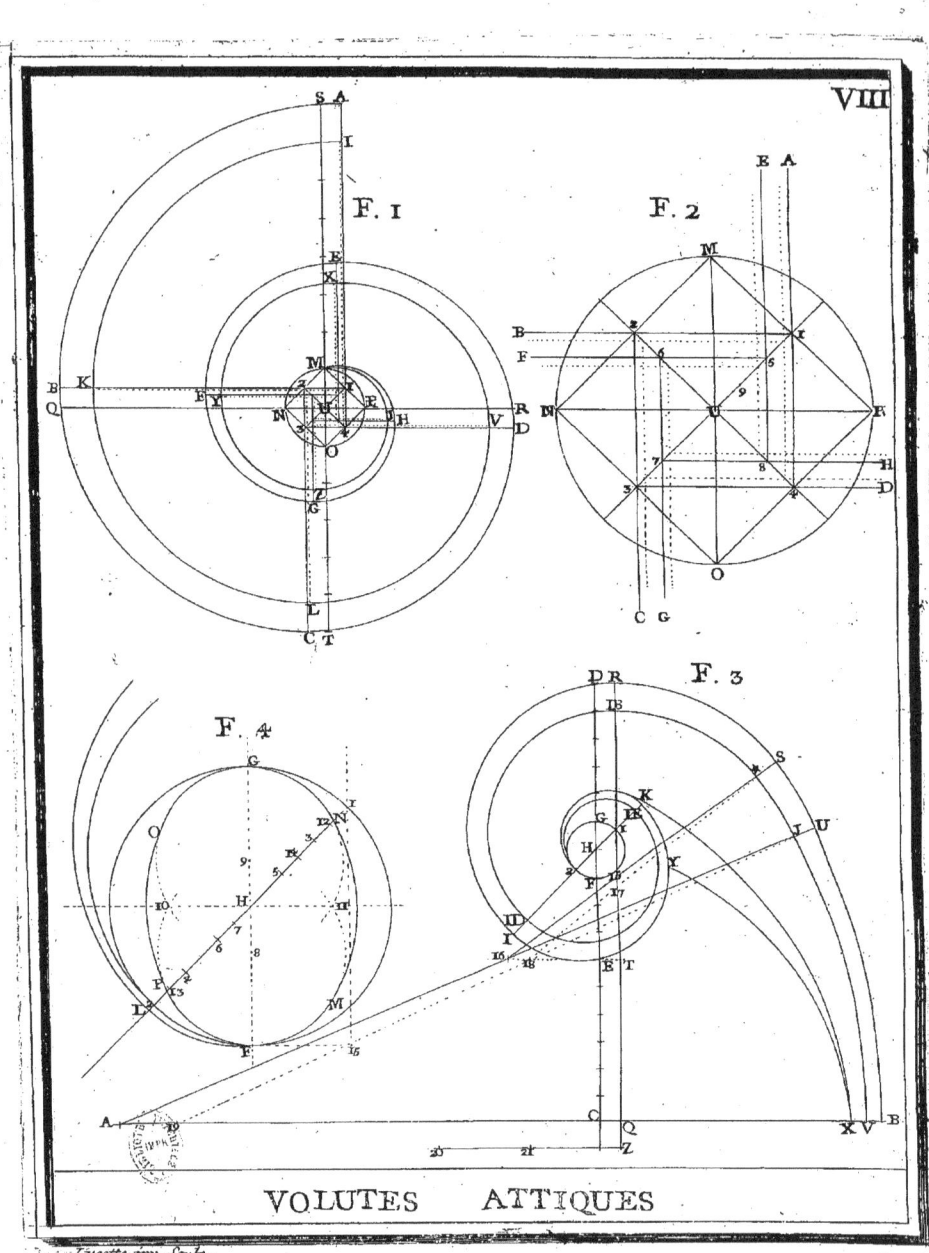

VOLUTES ATTIQUES

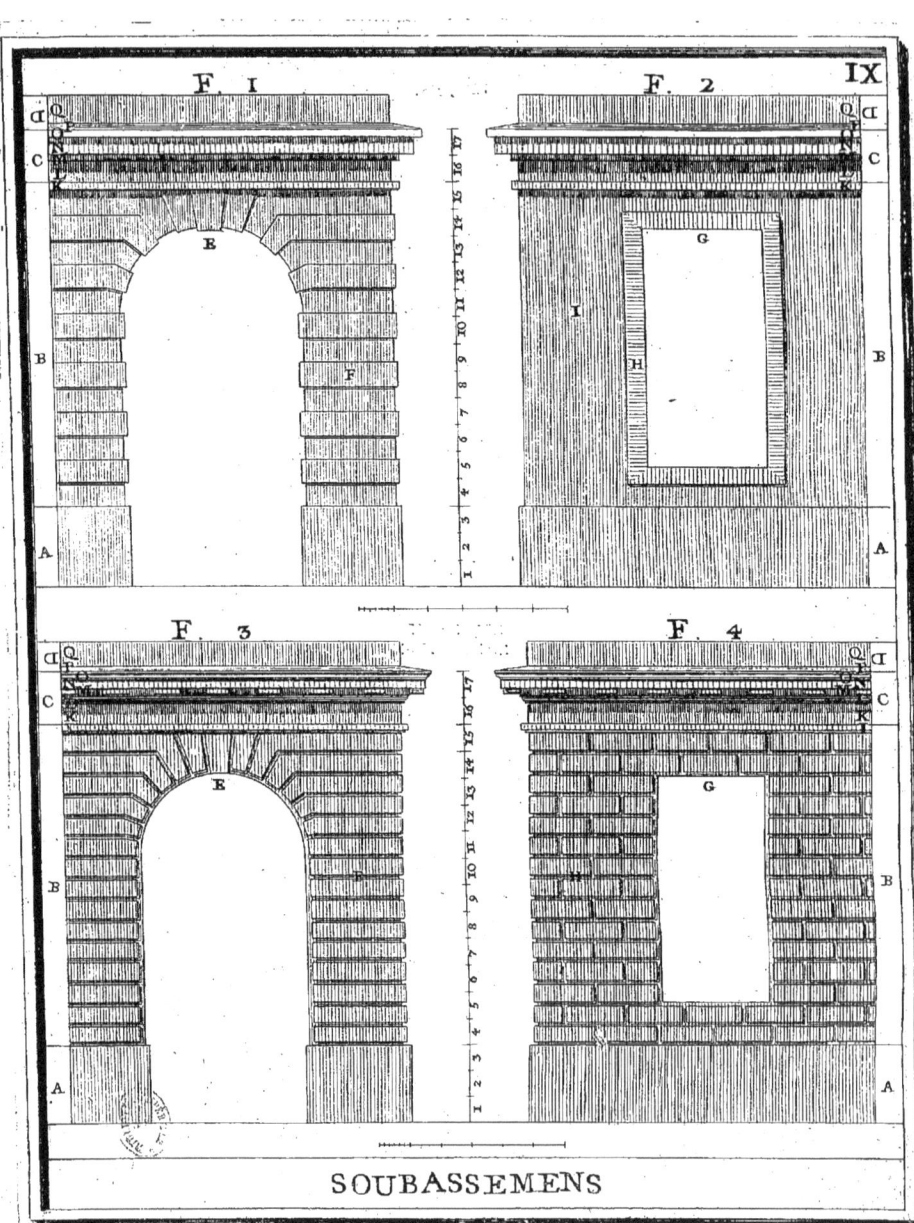

SOUBASSEMENS

SOUBASSEMENS

SOUBASSEMENS

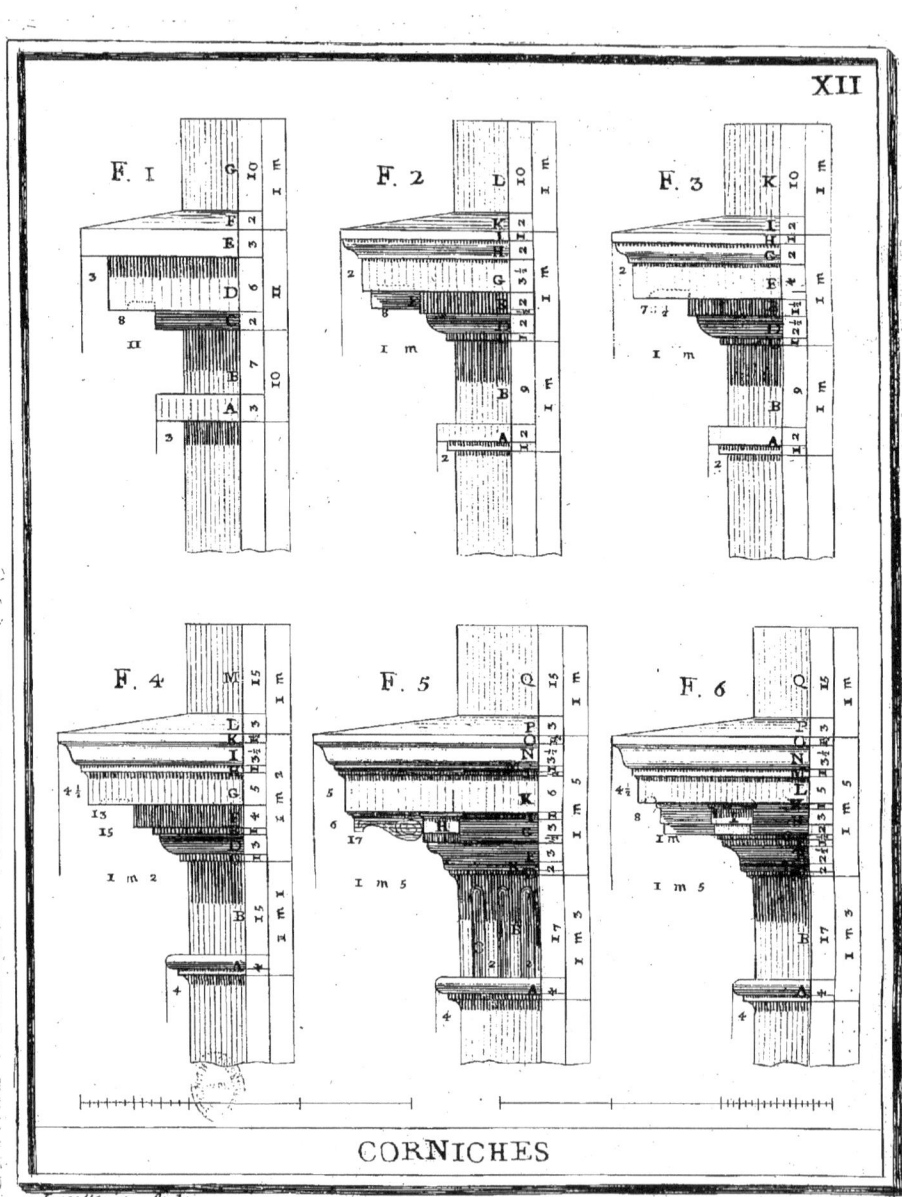

CORNICHES

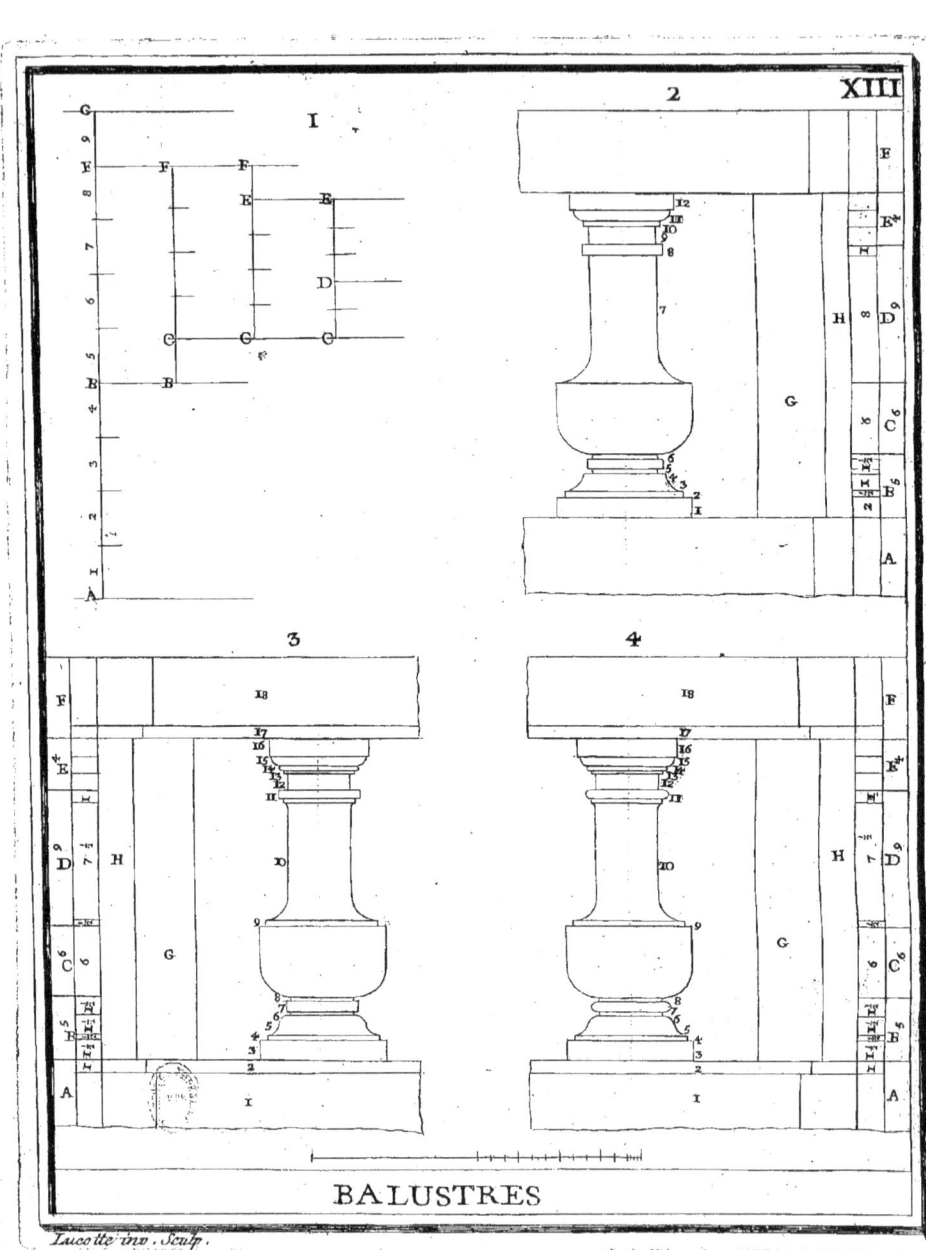

BALUSTRES

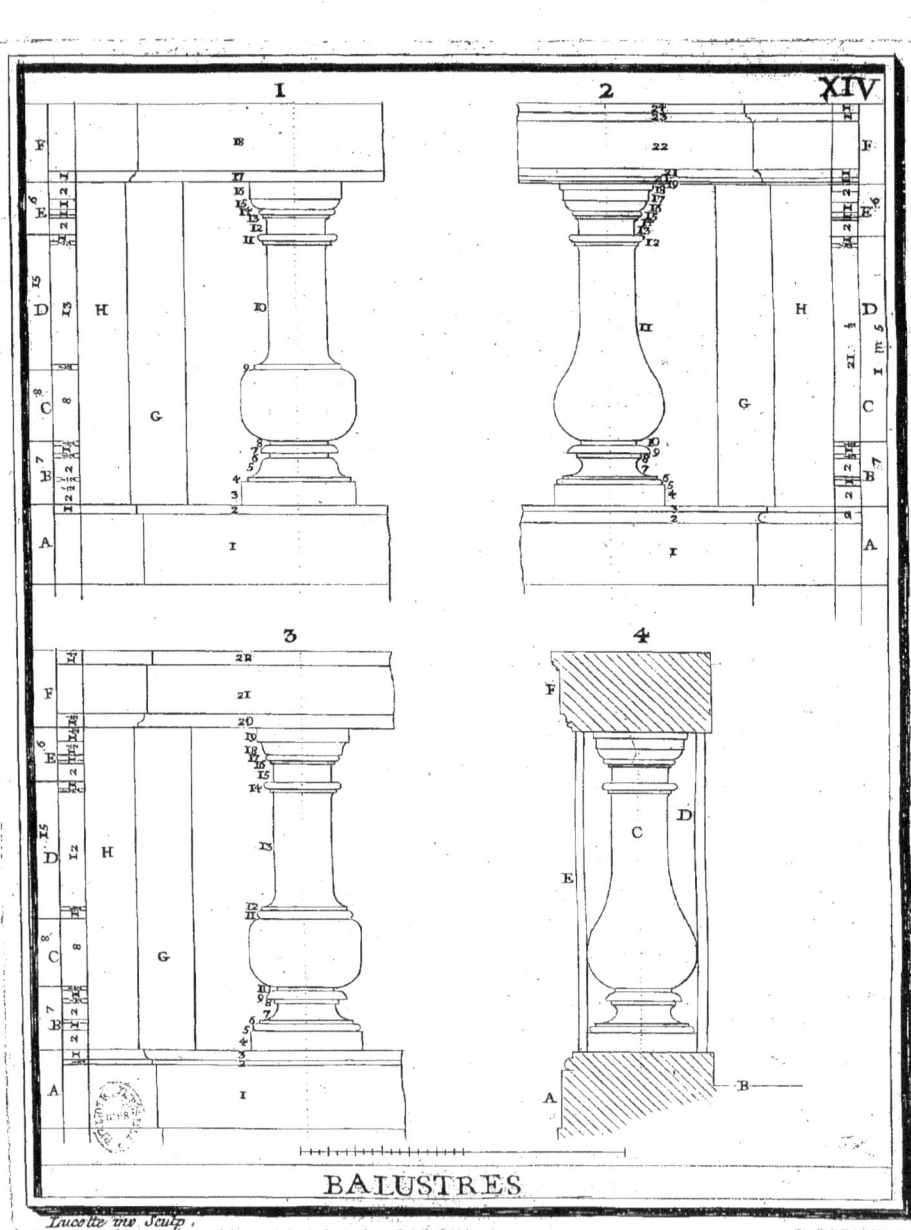
BALUSTRES

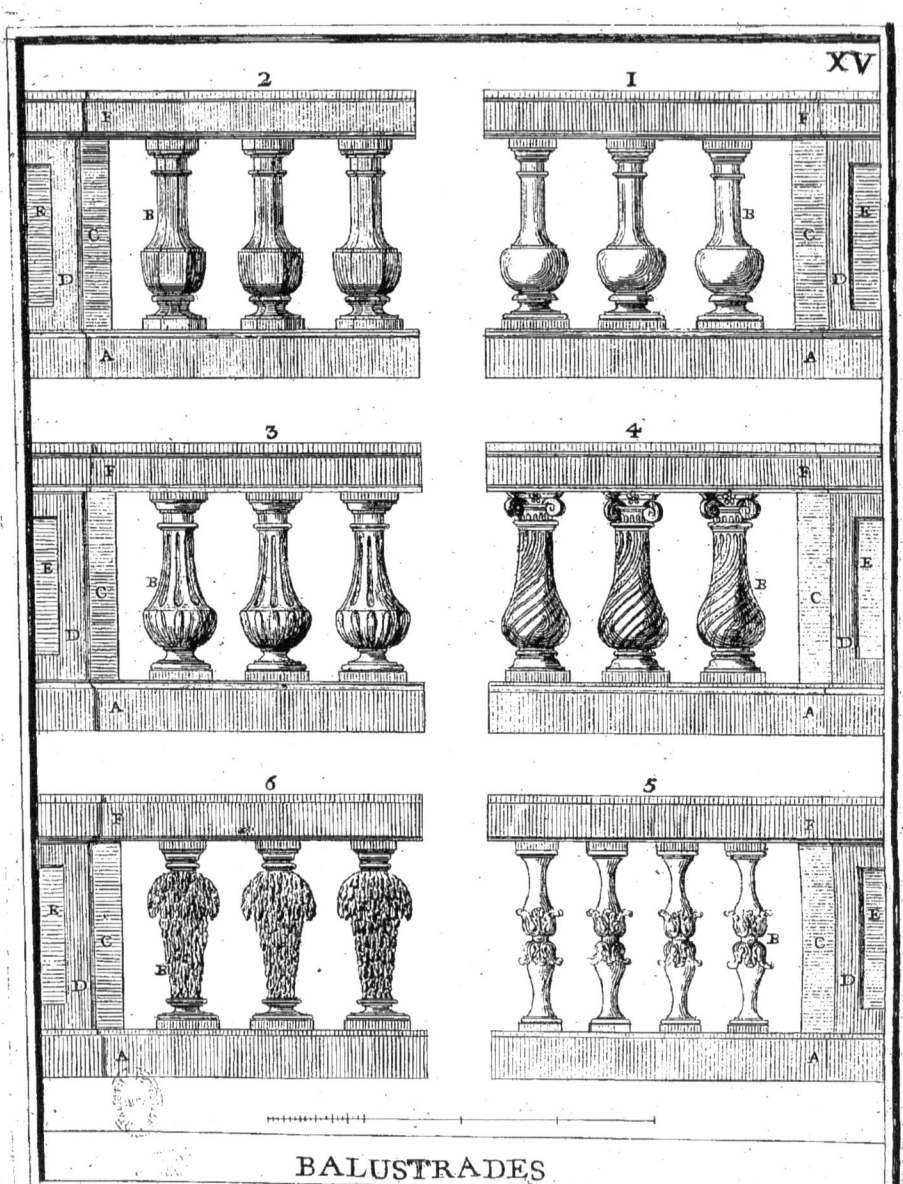

BALUSTRADES

ENTRELAS

RAMPES

VUIDES

PORTES CROISÉES LUCARNES

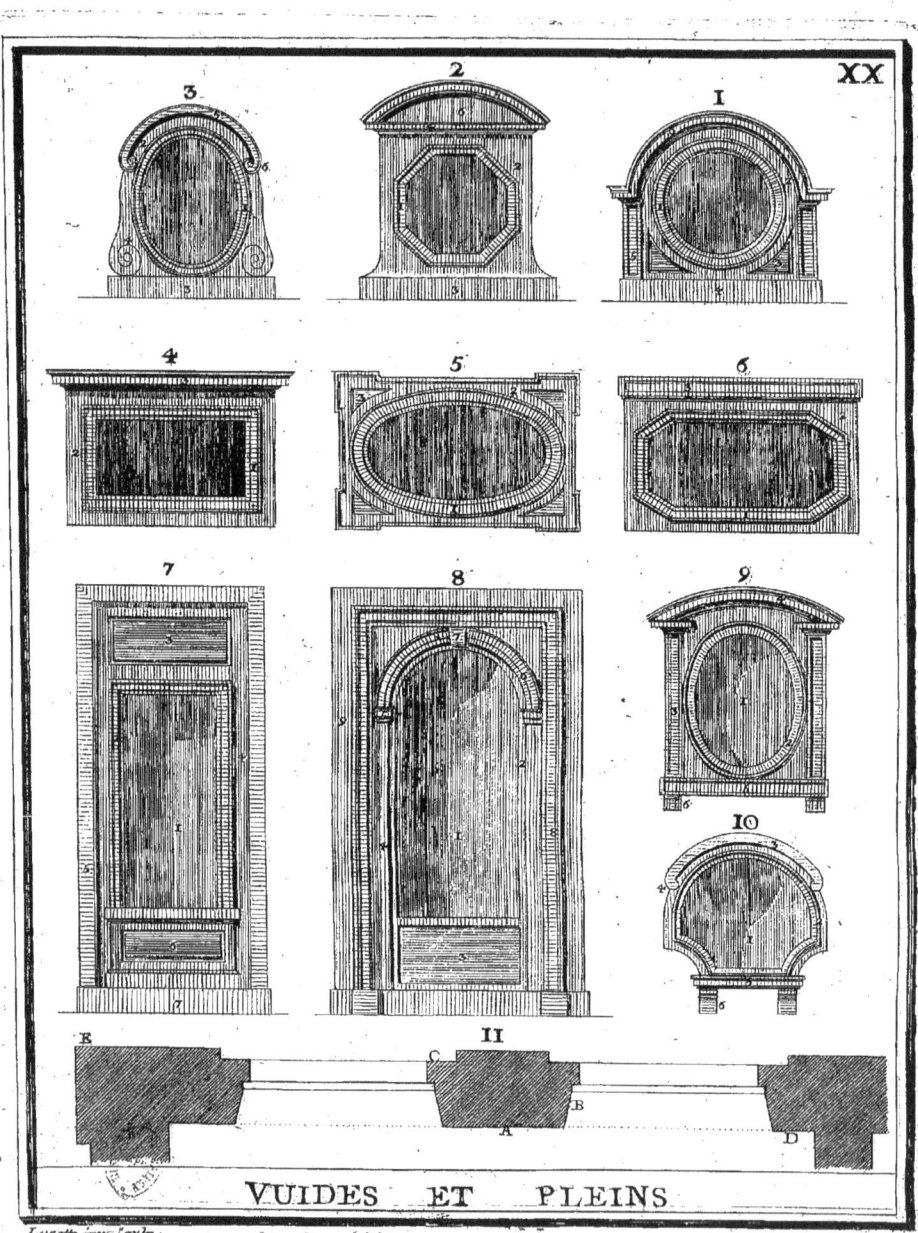

VUIDES ET PLEINS

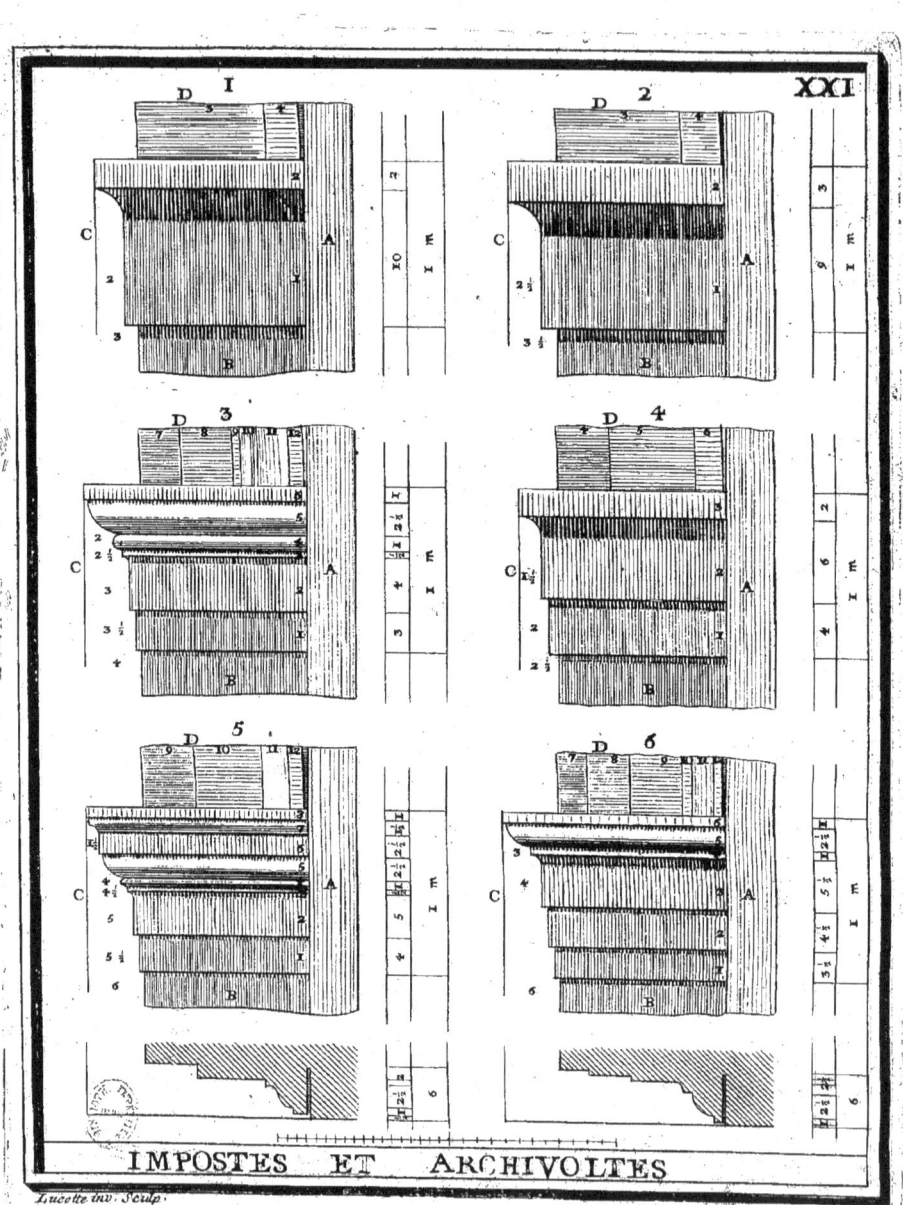

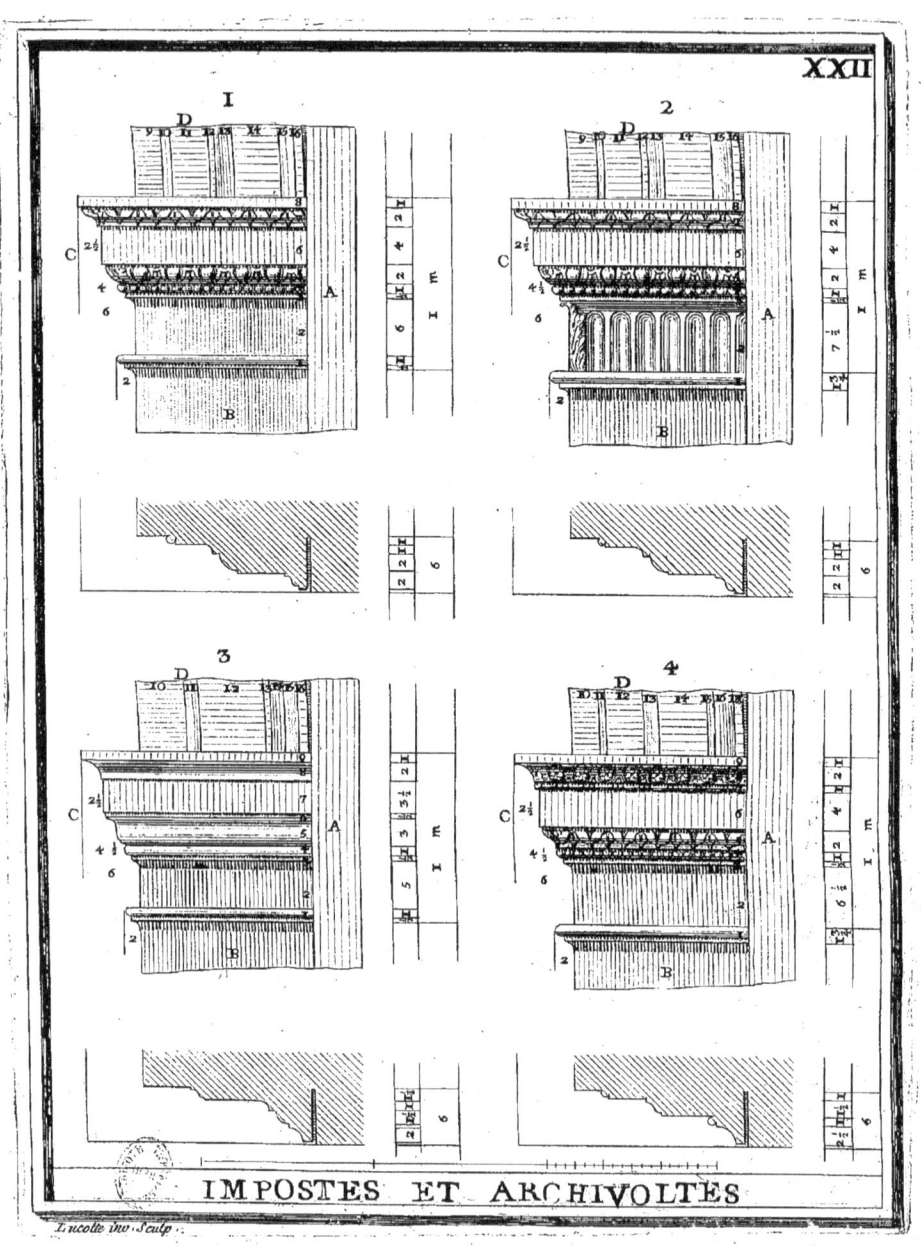

IMPOSTES ET ARCHIVOLTES

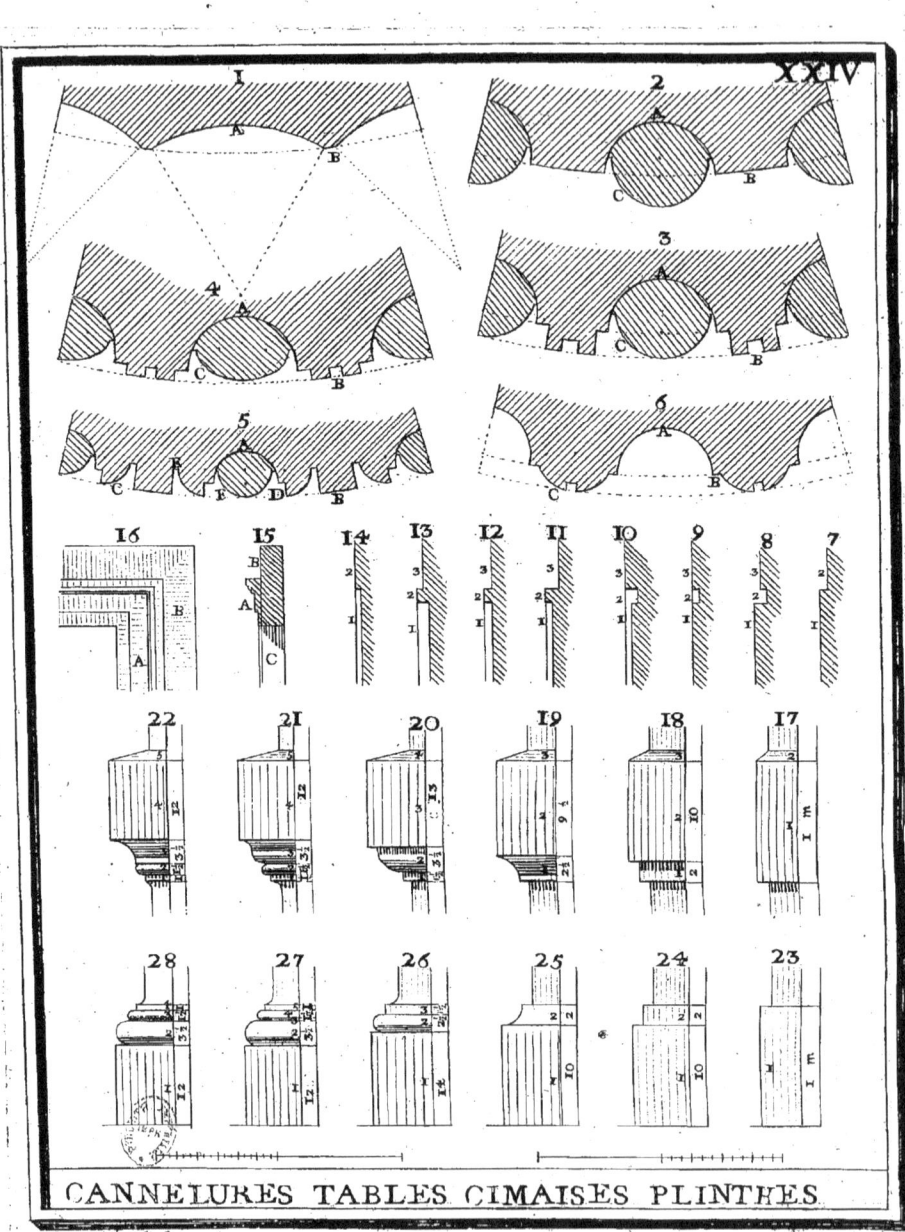

CANNELURES TABLES CIMAISES PLINTHES

Lucotte inv. Sculp.

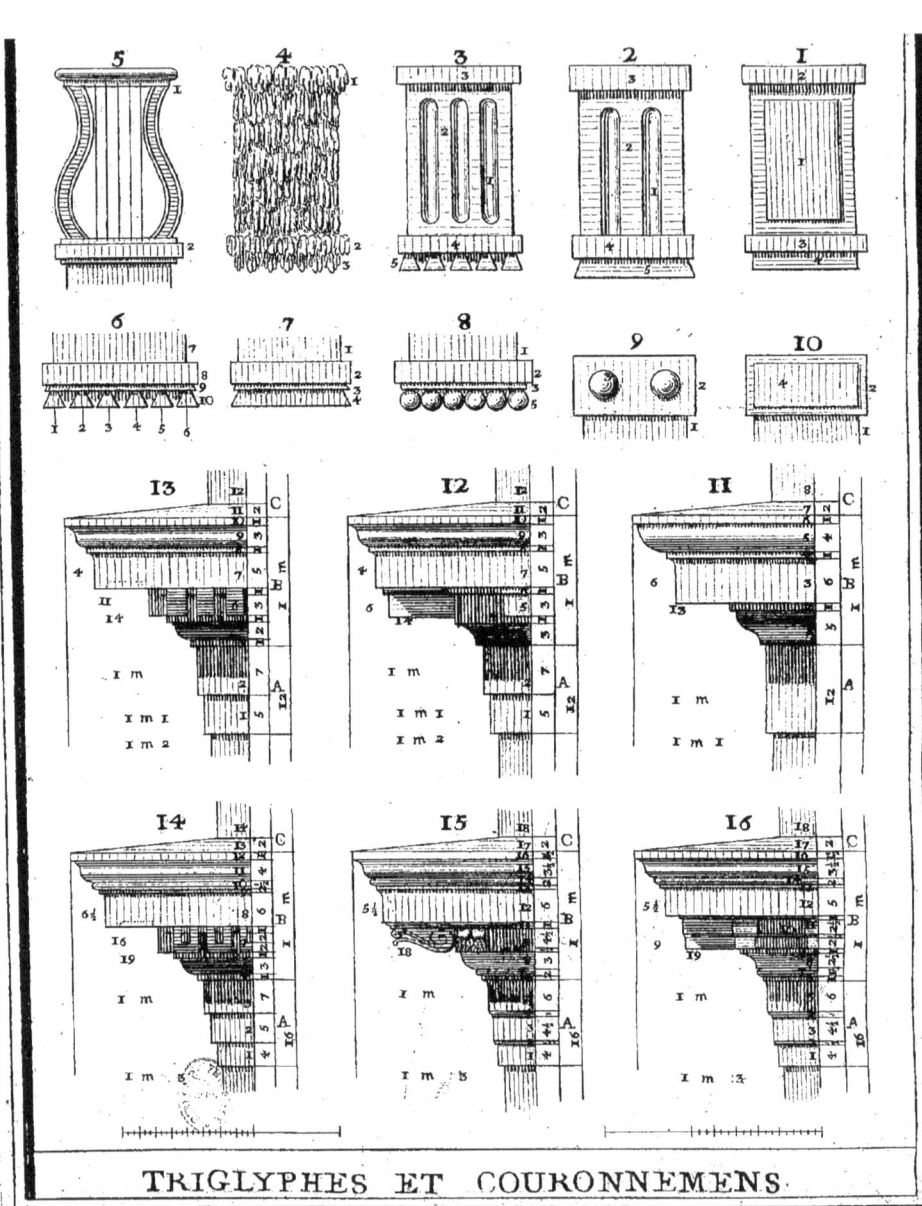

TRIGLYPHES ET COURONNEMENS.

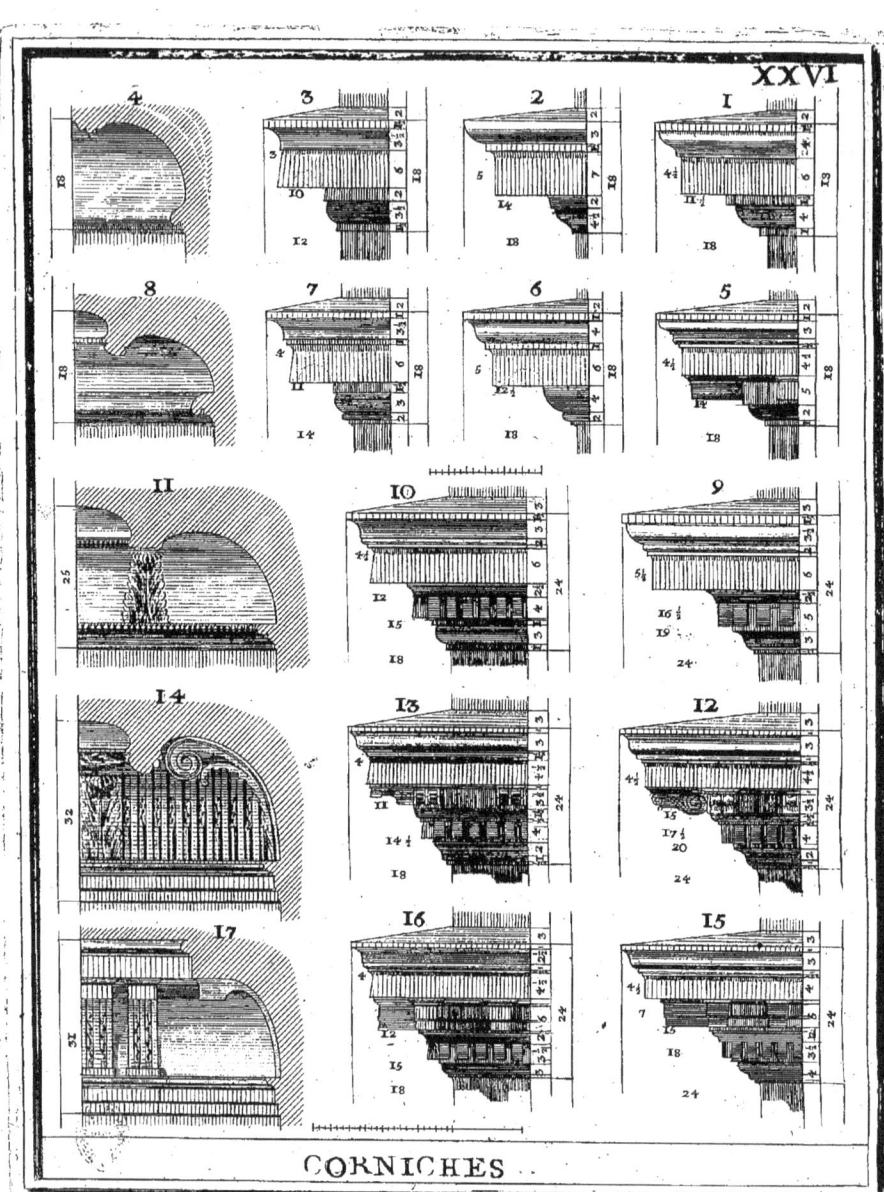

CORNICHES

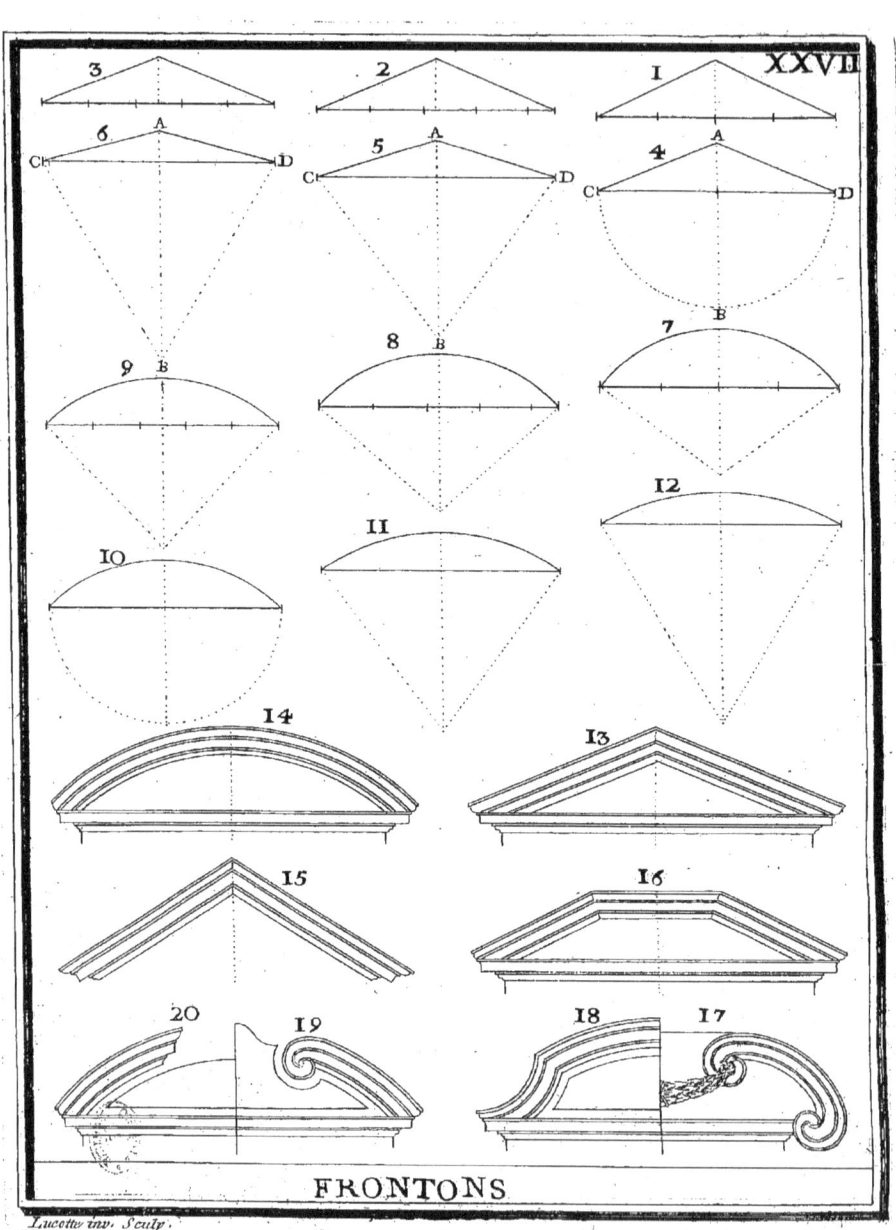

FRONTONS

AMORTISSEMENS

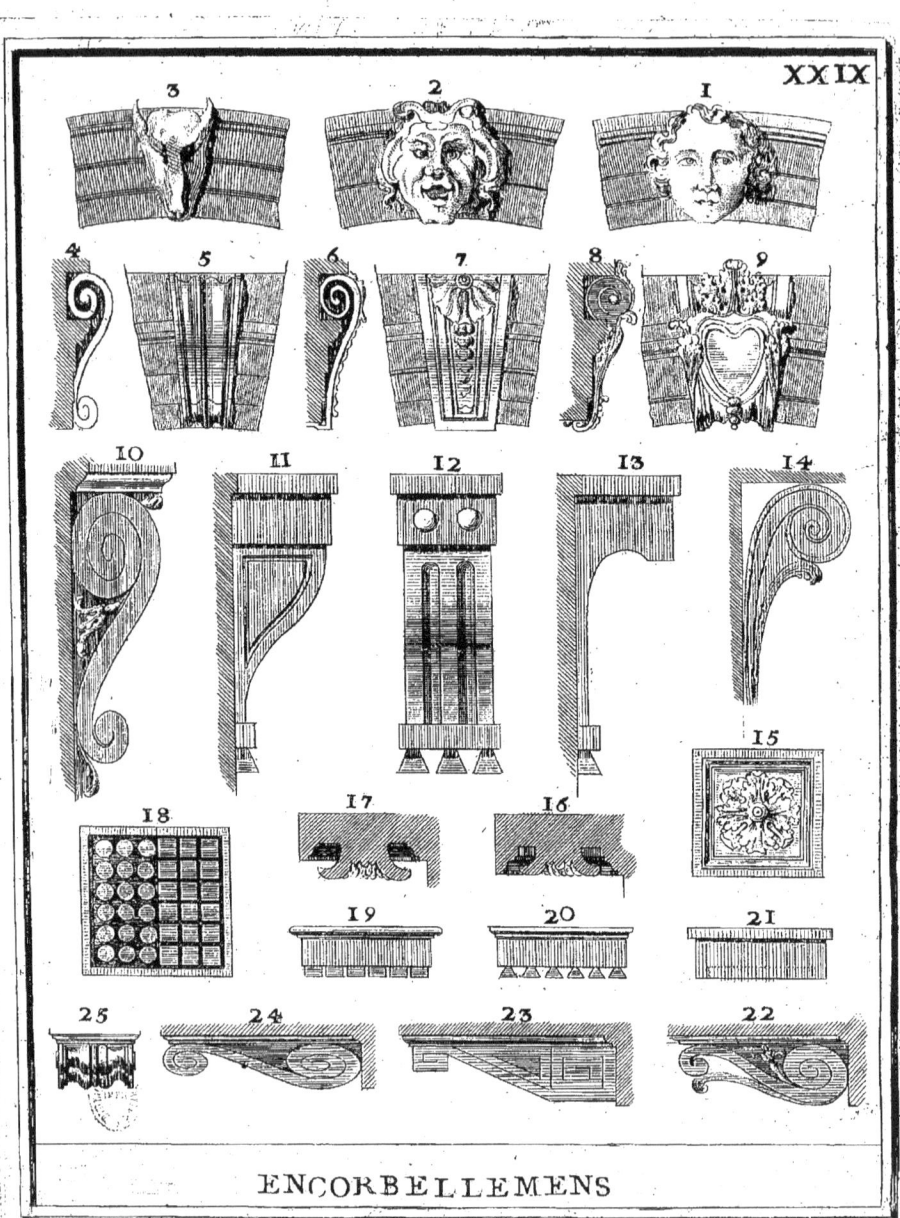

ENCORBELLEMENS

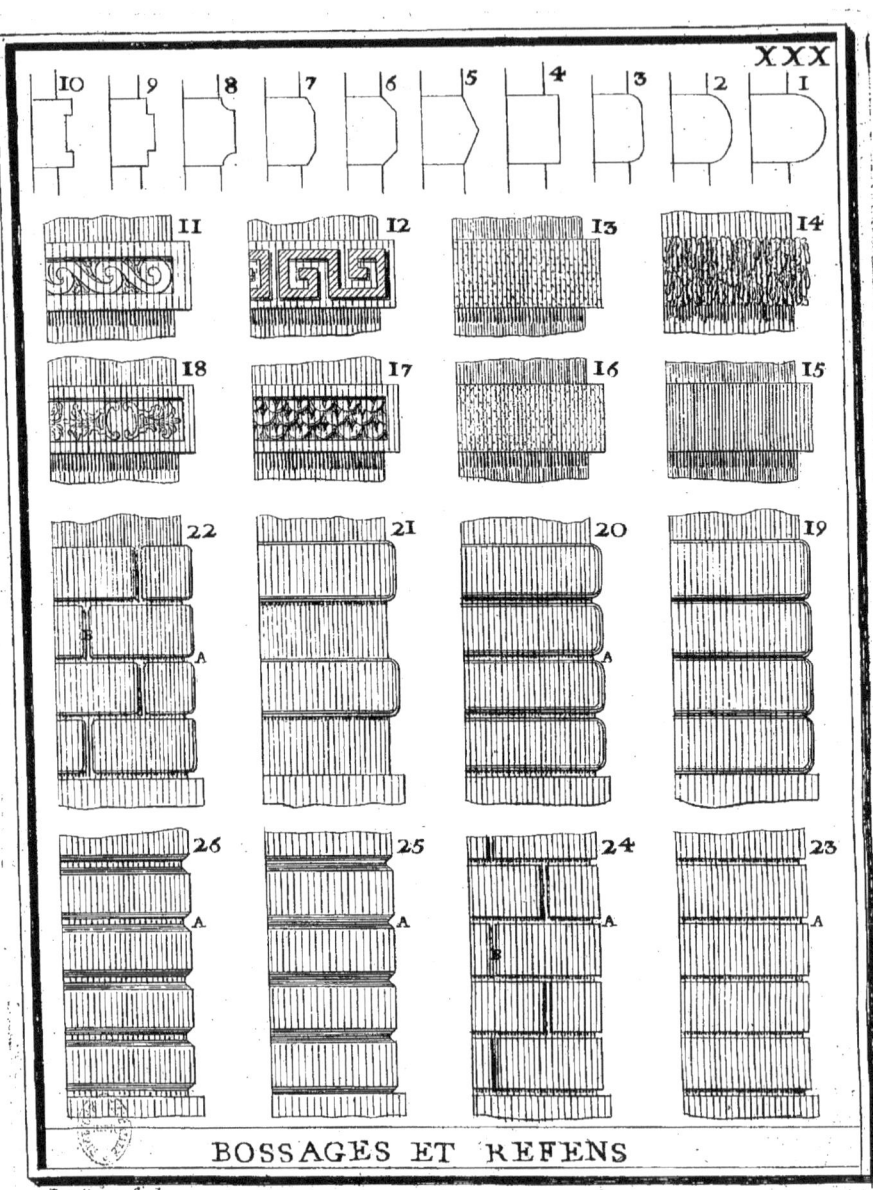

BOSSAGES ET REFENS

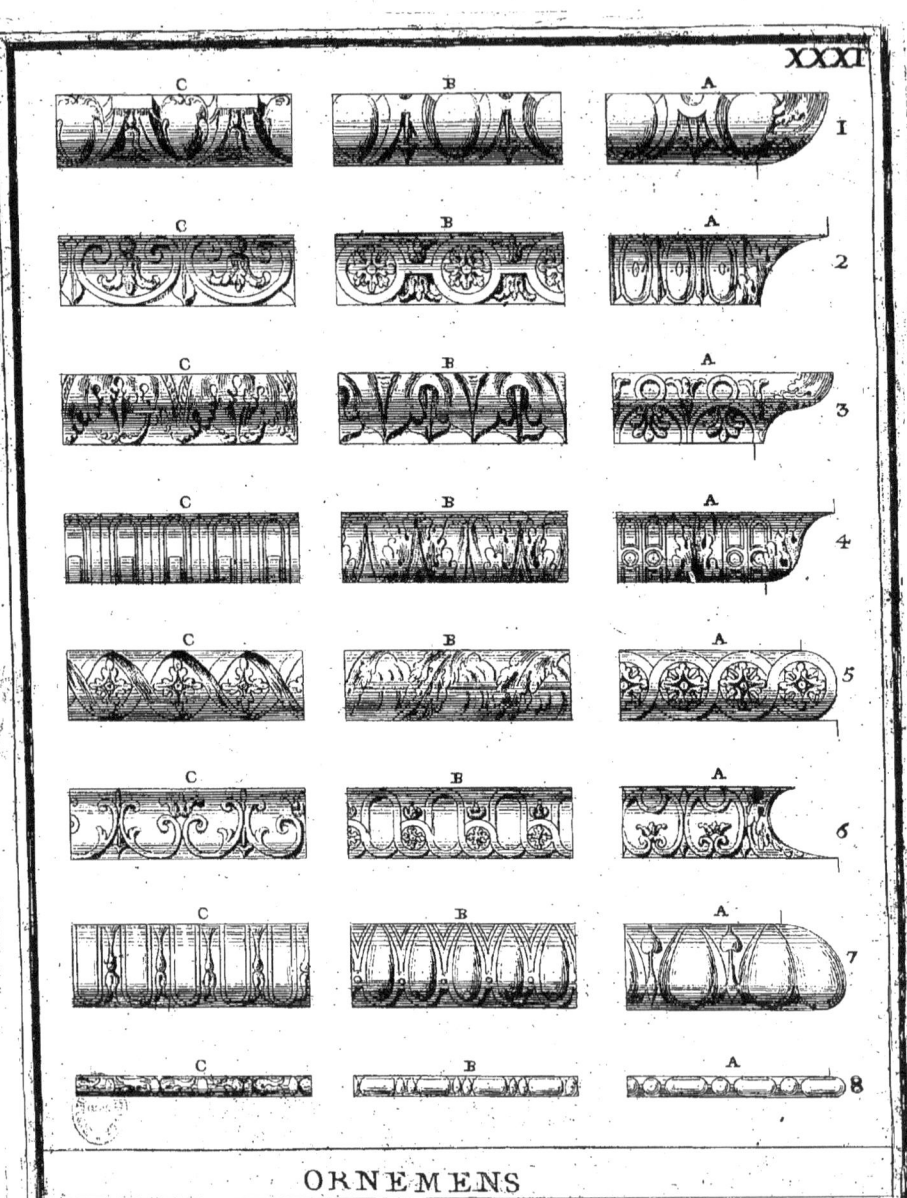

ORNEMENS

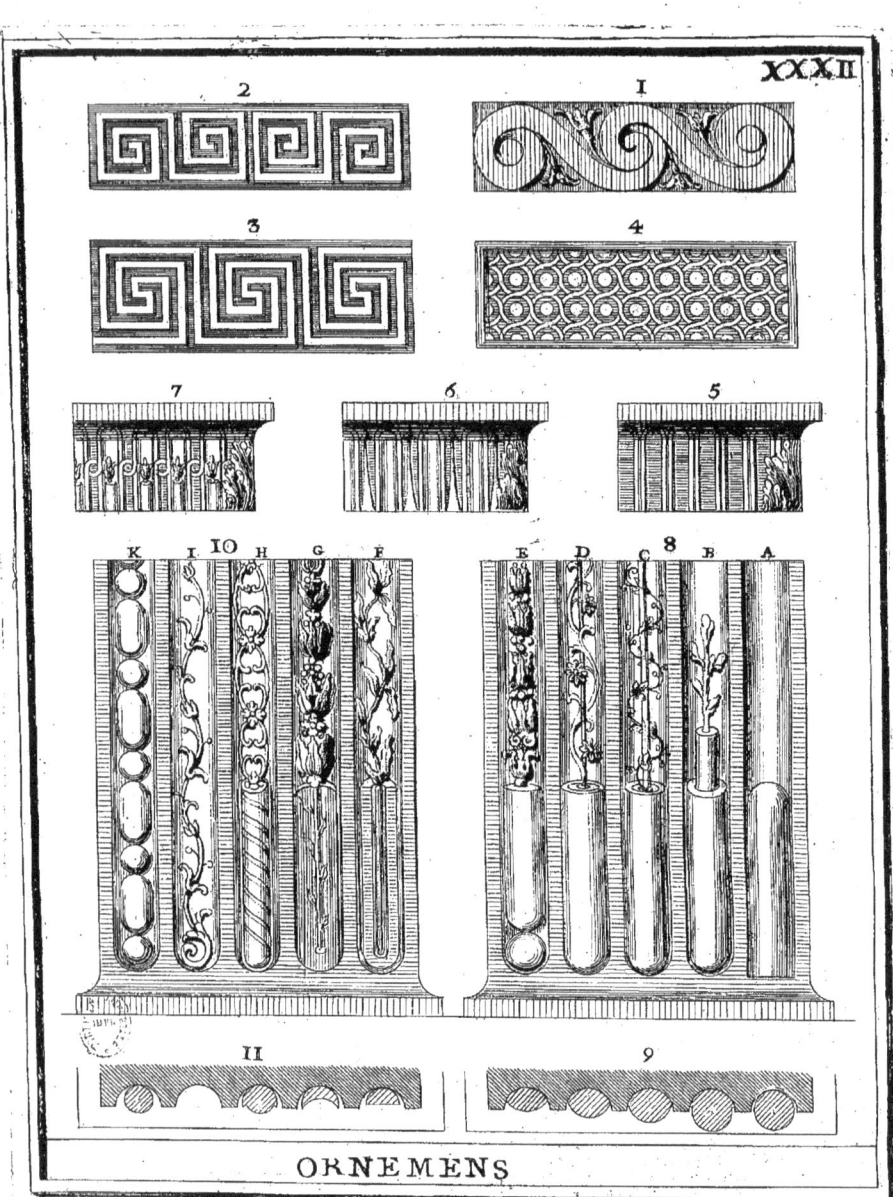

ORNEMENS

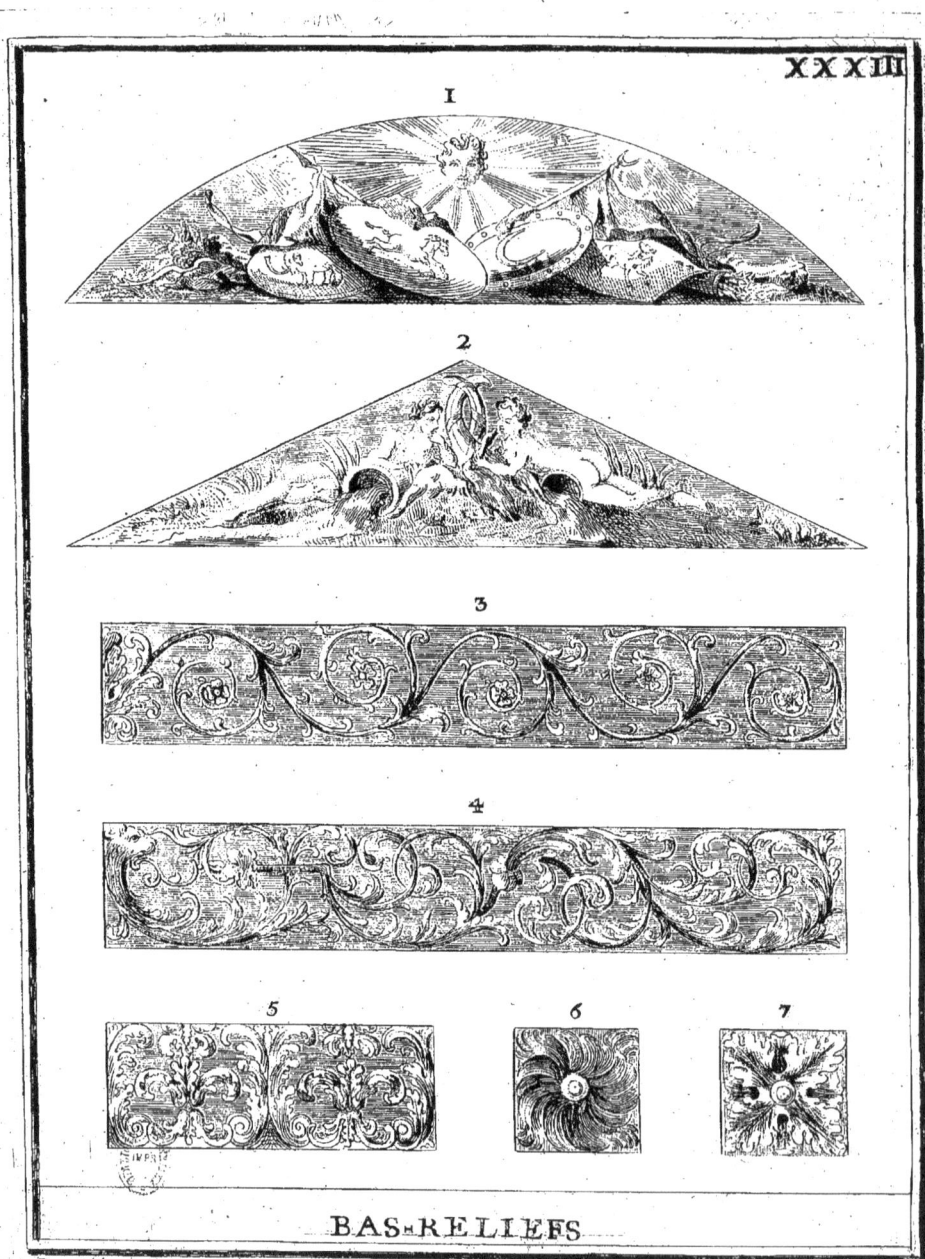

BAS-RELIEFS

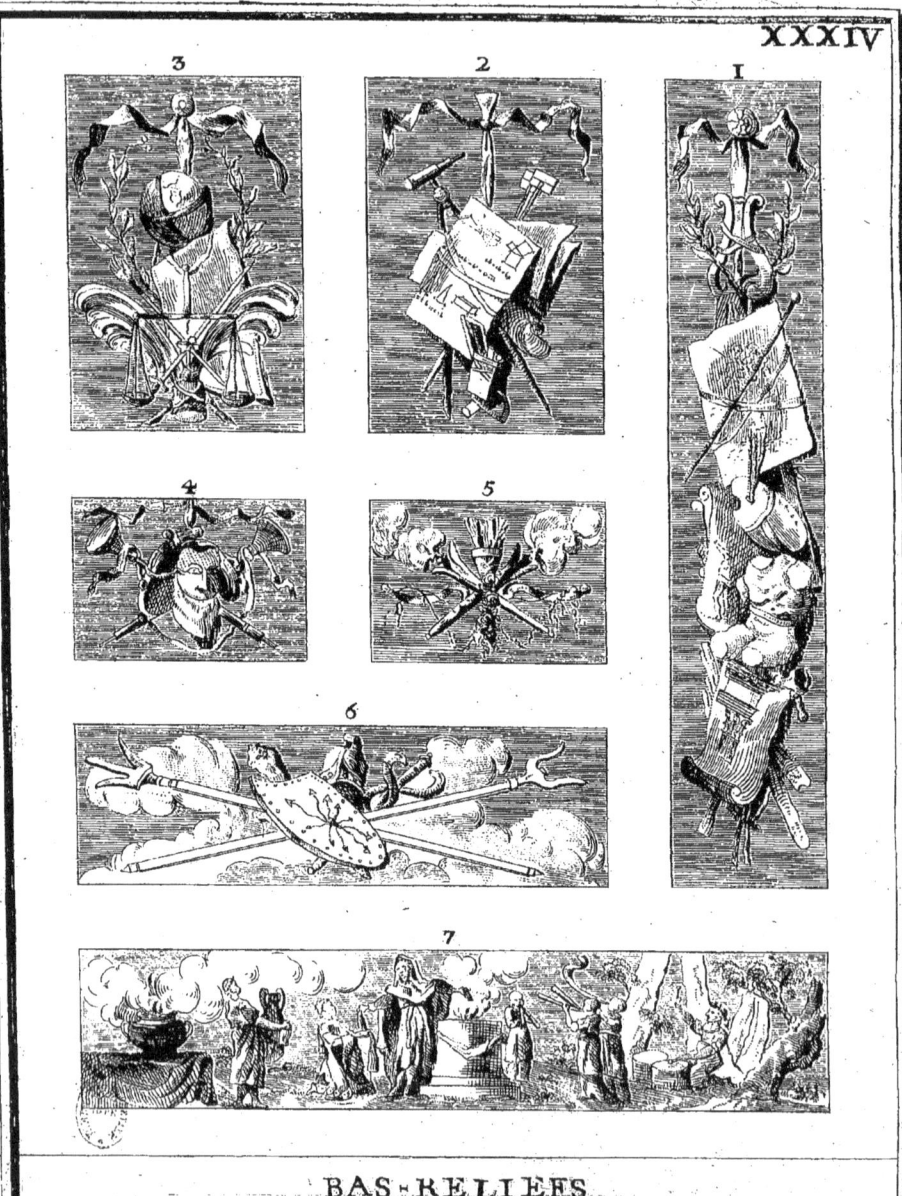
BAS-RELIEFS

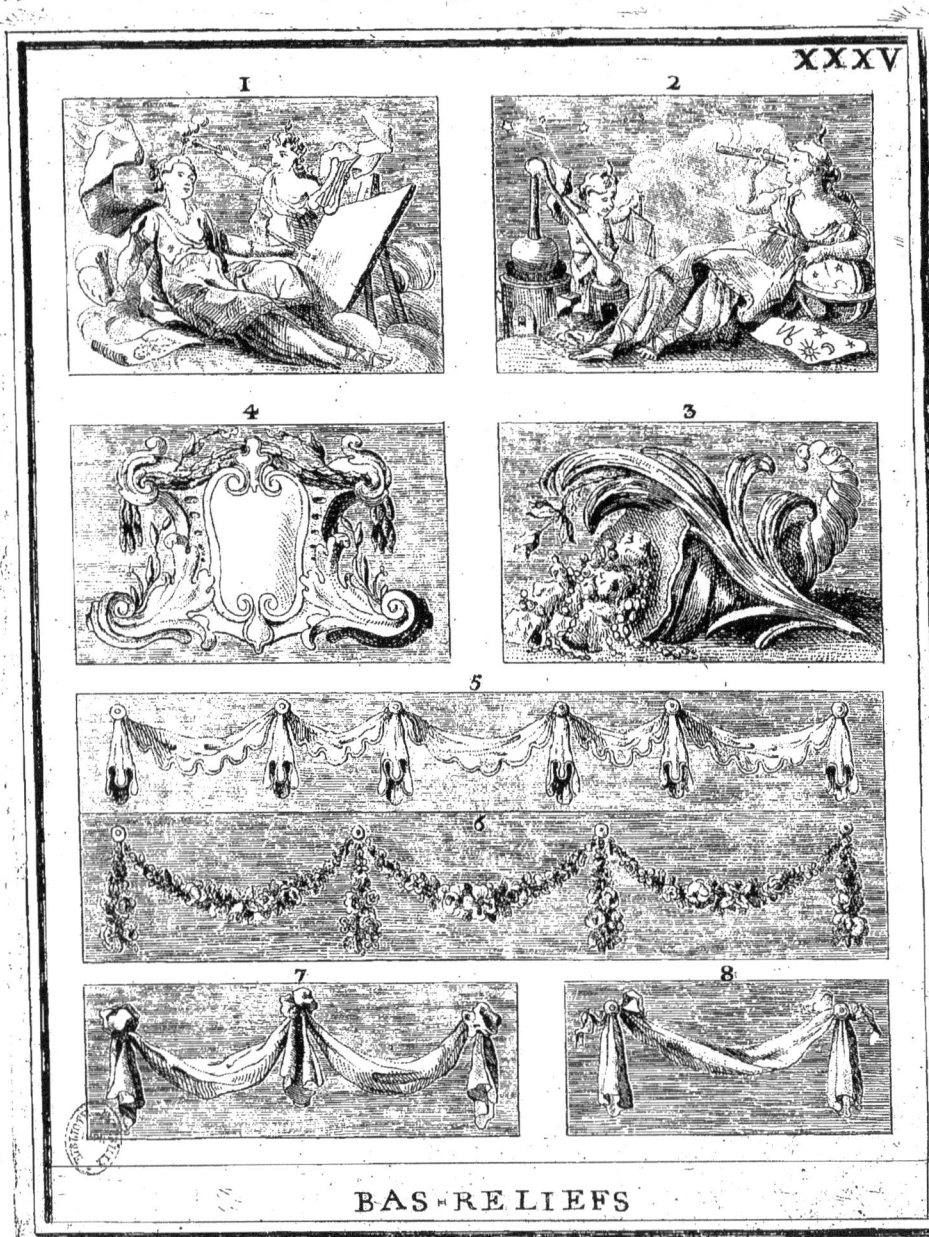
BAS-RELIEFS

ORNEMENS

www.ingramcontent.com/pod-product-compliance
Lightning Source LLC
Chambersburg PA
CBHW060157100426
42744CB00007B/1068